MENTALE GESUNDHEIT IM ZEITALTER DER INFORMATIONSÜB ERFLUTUNG

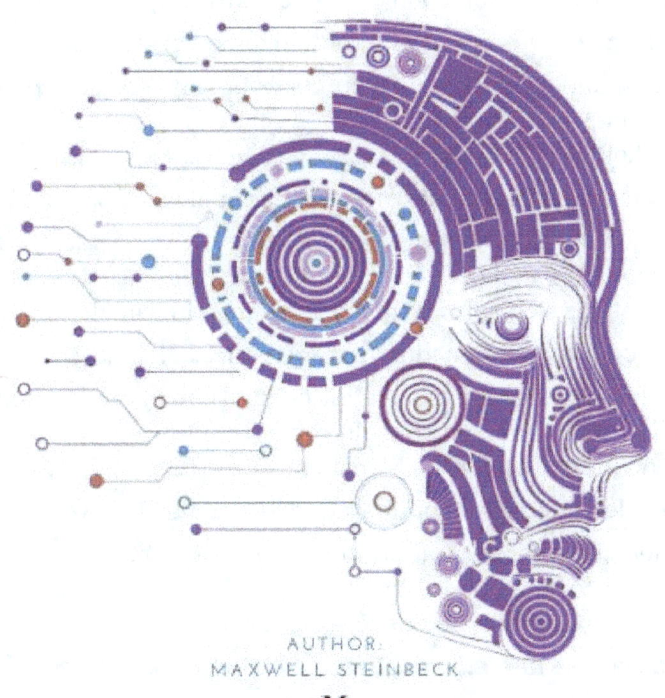

AUTHOR:
MAXWELL STEINBECK

VERÖFFENTLICHUNGSPLATTFORM: AMAZON KINDLE DIRECT PUBLISHING
2024

Inhaltsverzeichnis

Einführung

Wir leben in einer Zeit, in der Informationen allgegenwärtig sind. Nachrichten, soziale Medien, Benachrichtigungen und digitale Inhalte begleiten uns vom Aufwachen bis zum Einschlafen. Was einst als Fortschritt galt, wird für viele Menschen zunehmend zur Belastung. Die ständige Reizüberflutung überfordert unsere Wahrnehmung und stellt unsere psychische Gesundheit vor neue Herausforderungen.

Das Zeitalter der Informationsüberflutung ist nicht allein durch die Menge an Informationen geprägt, sondern vor allem durch ihre Geschwindigkeit, permanente Verfügbarkeit und fehlende Pausen. Digitale Medien konkurrieren unaufhörlich um unsere Aufmerksamkeit und erzeugen einen Zustand latenter Anspannung. Viele Menschen berichten davon, dass sie sich trotz permanenter Vernetzung innerlich zerstreut, erschöpft oder unruhig fühlen.

Technologien, die unseren Alltag erleichtern sollen, verlangen gleichzeitig permanente Präsenz. Ständige Erreichbarkeit, schneller Informationswechsel und der Druck, „nichts zu verpassen", führen bei vielen zu Symptomen wie Konzentrationsproblemen, Schlafstörungen, innerer Unruhe und emotionaler Erschöpfung. Die psychische Gesundheit wird damit zu einer der zentralen Herausforderungen unserer Zeit.

Informationsüberflutung entsteht, wenn die Menge an aufgenommenen Informationen unsere Fähigkeit zur Verarbeitung übersteigt. Dieser Zustand äußert sich nicht nur mental, sondern oft auch körperlich — durch Kopfschmerzen, Reizbarkeit oder chronische Müdigkeit. Langfristig kann er das Risiko für Angststörungen, depressive Verstimmungen und digitalen Burnout erhöhen.

Dieses Buch widmet sich der Frage, wie wir in einer informationsgesättigten Welt mental gesund bleiben können. Es zeigt, warum unser Gehirn auf Dauerbelastung reagiert, welche psychologischen Mechanismen hinter Informationsstress stehen und wie wir lernen können, bewusster mit Informationen umzugehen.

Statt den Informationsfluss vollständig zu bekämpfen — was weder realistisch noch sinnvoll ist — geht es darum, eine neue innere Haltung zu entwickeln: Klarheit statt Überforderung, Auswahl statt Dauerreiz, Präsenz statt permanenter Ablenkung. Dieses Buch versteht sich als Orientierungshilfe für Menschen, die ihre geistige Gesundheit schützen möchten, ohne sich von der modernen Welt abzuwenden.

Wenn wir lernen, unsere Beziehung zu Informationen bewusst zu gestalten, gewinnen wir nicht nur mentale Ruhe, sondern auch Lebensqualität zurück. Dieses Buch lädt Sie ein, die Kontrolle über Ihre Aufmerksamkeit wiederzugewinnen — und damit über einen der wertvollsten Aspekte Ihres Lebens.

Kapitel 1:

Informationsüberflutung verstehen

Die moderne Welt erlebt einen beispiellosen Anstieg an Informationen. Technologischer Fortschritt, digitale Medien und permanente Vernetzung haben dazu geführt, dass wir heute deutlich mehr Informationen konsumieren als noch vor wenigen Jahrzehnten — und dies in einem wesentlich höheren Tempo. Informationsüberflutung ist damit zu einem prägenden Merkmal unseres Alltags geworden.

Unter Informationsüberflutung versteht man einen Zustand, in dem die Menge an aufgenommenen Informationen die Fähigkeit des menschlichen Gehirns zur Verarbeitung übersteigt. Dabei spielt nicht nur die Anzahl der Informationen eine Rolle, sondern auch ihre Komplexität, emotionale Aufladung und der fehlende Kontext. Nachrichten, E-Mails, soziale Medien und Benachrichtigungen konkurrieren gleichzeitig um unsere Aufmerksamkeit und versetzen das Gehirn in einen Zustand permanenter Alarmbereitschaft.

Die Rolle digitaler Technologien

Moderne Technologien erleichtern unseren Alltag, erzeugen jedoch gleichzeitig einen kontinuierlichen Informationsstrom. Smartphones und soziale Netzwerke ermöglichen einen ständigen Zugang zu Neuigkeiten und sozialen Vergleichsmechanismen. Studien zeigen, dass insbesondere intensive Nutzung sozialer Medien mit einem erhöhten Maß an Angst, innerer Unruhe und emotionaler Erschöpfung einhergehen kann. Der permanente Vergleich mit anderen verstärkt Unsicherheiten und untergräbt das psychische Wohlbefinden.

Wissenschaftliche Erkenntnisse zur Informationsüberlastung

Forschungen bestätigen, dass Informationsüberflutung ernsthafte Auswirkungen auf die psychische Gesundheit haben kann. Eine Studie der Ohio State University zeigte, dass Personen mit hohem täglichem Medienkonsum signifikant häufiger Symptome von Angststörungen und

Depressionen aufweisen. Entscheidend ist dabei nicht nur die Menge der konsumierten Inhalte, sondern auch deren emotionale Qualität und Fragmentierung.

Auch gesellschaftlich betrachtet stellt Informationsüberflutung eine wachsende Herausforderung dar. Die Vielzahl an Informationsquellen erschwert es, zwischen relevanten und irreführenden Informationen zu unterscheiden. Diese Unsicherheit kann zu mentaler Erschöpfung und sogenannter „Informationslähmung" führen — einem Zustand, in dem Menschen sich überfordert fühlen und sich zunehmend aus dem Informationsraum zurückziehen.

Kognitive Überlastung und Produktivitätsverlust

Ein dauerhaft hoher Informationsdruck beeinträchtigt nachweislich die Konzentrationsfähigkeit. Psychologen sprechen in diesem Zusammenhang von kognitiver Überlastung: Das Gehirn verliert die Fähigkeit, neue Informationen effizient zu verarbeiten. Die Folge sind reduzierte Produktivität, eingeschränkte Entscheidungsfähigkeit und ein erhöhtes Fehlerpotenzial.

In bestimmten Berufsgruppen, etwa im Gesundheitswesen oder in wissensintensiven Tätigkeiten, kann dieser Zustand besonders gravierende Folgen haben. Studien zeigen, dass fehlende Informationsfilter das Risiko für Stress, Burnout und psychosomatische Beschwerden deutlich erhöhen.

Psychische und körperliche Folgen

Die psychischen Auswirkungen reichen von erhöhtem Stressniveau und Angstgefühlen bis hin zu digitalem Burnout. Chronische Informationsüberlastung aktiviert dauerhaft die Stressreaktionen des Körpers, was langfristig zu Schlafstörungen, Konzentrationsproblemen und emotionaler Erschöpfung führen kann. Auch körperliche Symptome wie Kopfschmerzen, Muskelverspannungen oder Magenbeschwerden sind keine Seltenheit.

Darüber hinaus beeinflusst Informationsüberflutung unsere sozialen Beziehungen. Zerstreute Aufmerksamkeit und permanente Ablenkung erschweren tiefgehende Gespräche und fördern Gefühle von Isolation und innerer Distanz.

Warum Verständnis der erste Schritt ist

Informationsüberflutung ist kein individuelles Versagen, sondern eine strukturelle Herausforderung unserer Zeit. Der Schlüssel liegt nicht darin, Informationen vollständig zu meiden, sondern darin, ihre Wirkung zu verstehen. Erst wenn wir erkennen, wie Informationsflüsse unser Denken, Fühlen und Handeln beeinflussen, können wir lernen, bewusster mit ihnen umzugehen.

Dieses Verständnis bildet die Grundlage für alle weiteren Strategien, die in den folgenden Kapiteln vorgestellt werden — mit dem Ziel, mentale Klarheit, innere Balance und psychische Gesundheit im digitalen Zeitalter zu stärken.

Überlastungstest:

Um besser zu verstehen, ob bei Ihnen eine Informationsüberflutung auftritt, empfehlen wir Ihnen, einen kleinen Test durchzuführen. Es wird Ihnen helfen, Ihre Situation einzuschätzen und zu verstehen, wie sich die Informationsüberflutung auf Ihre geistige Gesundheit und Ihr Alltagsleben auswirkt. Antworten Sie ehrlich, denn es kann der erste Schritt zur Verbesserung Ihres Zustands sein.

Wählen Sie für jede Frage die Option aus, die am besten zu Ihrer Situation passt. Verwenden Sie eine Skala von 1 bis 5, wobei 1 nie und 5 immer bedeutet.

1. Ich habe das Gefühl, dass ich mit der Flut an Nachrichten und Informationen nicht Schritt halten kann.

2. Ich überprüfe oft soziale Medien oder E-Mails, auch außerhalb der Geschäftszeiten.

3. Meine Sorge ist, dass ich wichtige Informationen verpasse, wenn ich nicht alle Nachrichten verfolge.

4. Ich fühle mich durch den ständigen Informationskonsum überfordert.

5. Aufgrund von Ablenkungen fällt es mir schwer, mich auf eine Sache zu konzentrieren.

6. Ich fühle mich gestresst oder ängstlich, wenn ich die Nachrichten oder sozialen Medien nicht lesen kann.

7. Ich fühle mich oft emotional ausgelaugt, nachdem ich Nachrichten oder soziale Medien gesehen habe.

8. Ich fühle mich hoffnungslos oder entmutigt, nachdem ich Informationen über Weltereignisse konsumiert habe.

9. Ich habe das Gefühl, dass ich viel Zeit damit verbringe, Informationen zu verarbeiten, aber keinen Nutzen daraus ziehen kann.

10. Ich finde, dass meine Beziehungen leiden, weil ich zu sehr in Technologie und Informationen vertieft bin.

Nachdem Sie alle Fragen beantwortet haben, berechnen Sie Ihre Gesamtpunktzahl und addieren die Punkte aller Antworten:

- 10-20 Punkte: Sie sind wahrscheinlich in der Lage, den Informationsfluss in Ihrem Leben zu kontrollieren. Sie wissen, wie wichtig es ist, den Informationskonsum einzuschränken, und sind in der Lage, ein Gleichgewicht zu wahren.

- 21–30 Punkte: Möglicherweise erleben Sie ein gewisses Maß an Informationsüberflutung. Obwohl Sie wissen, wie man mit Informationen umgeht, kann es hilfreich sein, sich auf die strategische Verwaltung Ihres Nachrichten- und Technologiekonsums zu konzentrieren.

- 31-40 Punkte: Sie leiden wahrscheinlich unter einer spürbaren Informationsüberflutung. Ihre geistige Gesundheit kann unter ständigem Druck und Stress leiden. Es wird empfohlen, ernsthaft über Möglichkeiten zur Reduzierung der Informationslast nachzudenken, um Ihren Zustand zu verbessern.

- 41-50 Punkte: Sie erleben wahrscheinlich schwerwiegende Folgen der Informationsüberflutung. Ihre geistige Gesundheit und Ihr

Wohlbefinden könnten gefährdet sein. Dies ist ein ernstes Signal, das dringendes Eingreifen erfordert. Es ist wichtig, Wege zu finden, die Kontrolle über den Informationsfluss in Ihrem Leben zurückzugewinnen, und bei Bedarf professionelle Hilfe in Anspruch zu nehmen.

Dieser Test ist nur ein Ausgangspunkt für das Selbstverständnis. Es wird Ihnen helfen zu erkennen, wie sehr sich die Informationsüberflutung auf Ihr Leben auswirkt. Es ist wichtig, sich daran zu erinnern, dass jeder von uns einzigartig ist und dass das, was für den einen funktioniert, möglicherweise nicht für den anderen funktioniert. Nachdem Sie Ihre Situation beurteilt haben, überlegen Sie sich einige der Strategien, die wir als Nächstes besprechen werden.

Fragen Sie sich, welche konkreten Maßnahmen Sie ergreifen könnten, um Ihre Situation zu verbessern. Vielleicht geht es darum, die Zeit, die man in sozialen Netzwerken verbringt, zu begrenzen oder eine bestimmte Zeit festzulegen, zu der man sich die Nachrichten ansieht. Oder Sie könnten Achtsamkeit und Meditation üben, um Ihren Stresspegel zu reduzieren.

Es ist auch wichtig, auf Ihren emotionalen Zustand zu achten. Wie fühlen Sie sich, nachdem Sie Zeit in den sozialen Medien verbracht oder die Nachrichten gesehen haben? Fühlen Sie sich emotional ausgelaugt oder ängstlich? Wenn ja, könnte dies ein Signal für Veränderung sein.

Kapitel 2:

Digital Detox – ein praktischer Ansatz

Was ist eine digitale Entgiftung und warum ist sie notwendig?

In der heutigen Welt, in der Technologie zu einem festen Bestandteil unseres Alltags geworden ist, erfreut sich das Konzept der digitalen Entgiftung immer größerer Beliebtheit. Doch was genau ist mit diesem Begriff gemeint? Beim Digital Detox handelt es sich um eine bewusste Einschränkung oder Verweigerung der Nutzung digitaler Geräte und Technologien für einen bestimmten Zeitraum. Dies kann ein kurzer Zeitraum sein, beispielsweise einige Stunden am Tag, oder ein längerer Zeitraum, beispielsweise mehrere Tage oder Wochen.

Die ständige Nutzung von Gadgets, sozialen Netzwerken und Informationsströmen kann zu emotionaler und körperlicher Erschöpfung führen. Wir erhalten jeden Tag eine große Menge an Informationen, was oft ein Gefühl der Überlastung hervorruft. Digital Detox bietet die Möglichkeit, innezuhalten, sich vom Lärm zu lösen und sich auf das Wesentliche zu konzentrieren. Dies ist eine Zeit der Erholung, der Selbstreflexion und des Überdenkens Ihrer Prioritäten.

Untersuchungen zeigen, dass sich eine digitale Entgiftung positiv auf unsere psychische Gesundheit auswirken kann. Wenn wir die Zeit, die wir in der digitalen Welt verbringen, begrenzen, haben wir die Möglichkeit, andere Dinge zu tun: Lesen, an der frischen Luft spazieren gehen, Sport treiben oder mit unseren Lieben kommunizieren. Es hilft nicht nur, Stress abzubauen, sondern verbessert auch unsere sozialen Kontakte und unser allgemeines Wohlbefinden.

Stellen Sie sich vor, wie Sie sich fühlen, wenn Sie einen Tag ohne Ihr Smartphone verbringen. Sie bemerken mehr Details in der Welt um Sie herum und spüren mehr Emotionen, wenn Sie mit Menschen kommunizieren. Digital Detox ist eine Gelegenheit, sich wieder mit Ihren Gedanken, Gefühlen und Ihrer Umgebung zu verbinden.

Allerdings bedeutet Digital Detox keine völlige Abkehr von der Technik. Es geht eher um eine bewusste Entscheidung. Sie können der Technologienutzung Grenzen setzen, z. B. den Verzicht auf Gadgets für Abende oder Wochenenden. Dadurch können Sie die Vorteile der Technologie nutzen, ohne dass diese negative Auswirkungen auf Ihre geistige Gesundheit hat.

Mythen und Fakten über die völlige Ablehnung der Technik

Da Digital Detox immer beliebter wird, ranken sich viele Mythen und Missverständnisse darum. Schauen wir uns einige davon an.

Der erste Mythos besagt, dass ein Digital Detox eine völlige Abkehr von jeglicher Technologie bedeutet. Tatsächlich ist dies nicht der Fall. Die Idee der digitalen Entgiftung besteht darin, den Einsatz von Technologie einzuschränken und nicht vollständig darauf zu verzichten. Sie können die Möglichkeit reservieren, Technologie für wichtige Aufgaben oder Kommunikation zu nutzen, aber gleichzeitig das ziellose Stöbern in Nachrichten oder sozialen Netzwerken einschränken.

Der zweite Mythos besagt, dass Digital Detox nur ein Trend ist und keine wirklichen Vorteile bringt. Wissenschaftliche Untersuchungen legen jedoch nahe, dass die Einschränkung des digitalen Konsums unsere psychische Gesundheit erheblich verbessern kann. Es kann Ängste reduzieren, die Produktivität steigern und das emotionale Wohlbefinden verbessern. Viele Menschen, die Digital Detox praktizieren, bemerken positive Veränderungen in ihrem Leben.

Der dritte Mythos besagt, dass Digital Detox eine schwierige und unangenehme Praxis sei. Viele glauben, dass sie sich ohne Technologie isoliert oder gelangweilt fühlen werden. Es kann jedoch tatsächlich eine großartige Gelegenheit für neue Entdeckungen sein. Anstatt Zeit am Telefon zu verbringen, können Sie einem Hobby nachgehen, mit Freunden abhängen, Sport treiben oder sogar etwas Neues lernen. Digital Detox kann eine Zeit der Selbstentwicklung und Genesung sein.

Der vierte Mythos besagt, dass Digital Detox nicht für Menschen geeignet ist, die im technischen Bereich arbeiten. Auch wenn die Arbeit im Technologiebereich den Einsatz digitaler Geräte erfordert, heißt das nicht, dass Sie sich nicht für eine Weile von ihnen trennen müssen. Die Durchführung einer digitalen Entgiftung kann Ihnen dabei helfen, klare Gedanken zu bewahren und die Produktivität zu steigern. Die besten Ideen entstehen oft, wenn wir uns vom ständigen Informationslärm erholen.

Zusammenfassend ist Digital Detox nicht nur ein Schlagwort, sondern eine echte Chance, die Lebensqualität zu verbessern. Bestimmen Sie selbst, welche Einschränkungen für Sie geeignet sind und versuchen Sie, eine Balance zwischen Technologie und realem Leben zu finden. Scheuen Sie sich nicht, mit der Zeit ohne Gadgets zu experimentieren und neue Wege zu entdecken, um Ihre Batterien wieder aufzuladen und Ihre geistige Gesundheit zu verbessern.

Eine Strategie zur schrittweisen Reduzierung der Zeit im Netzwerk

Bevor man sich in eine digitale Entgiftung stürzt, ist es wichtig, diese mit Verständnis und Strategie anzugehen. Eine starke Verringerung der Zeit, die Sie vor Geräten verbringen, kann zu einem Gefühl von Stress oder Unbehagen führen. Erwägen Sie stattdessen, Ihre Online-Zeit schrittweise zu reduzieren, um eine natürlichere und nachhaltigere Gewöhnung an Ihre neue Routine zu erreichen.

Ermitteln Sie zunächst, wie viel Zeit Sie täglich mit digitalen Geräten verbringen. Nutzen Sie spezielle Programme zur Zeitüberwachung oder führen Sie einfach ein Nutzungsprotokoll. Beachten Sie, wann Sie am aktivsten sind und welche Plattformen die meiste Zeit verbrauchen. Dies wird Ihnen helfen zu verstehen, worauf Sie beim Downsizing achten sollten.

Der nächste Schritt besteht darin, konkrete Ziele zu setzen. Wenn Sie beispielsweise drei Stunden am Tag in den sozialen Medien verbringen, versuchen Sie, diese Zeit in der ersten Woche auf zweieinhalb Stunden zu reduzieren. Es ist wichtig, dass diese Ziele erreichbar sind, denn Zeitverkürzungen dürfen nicht zur Belastung werden.

Formulieren Sie Ihre Ziele konkreter. Anstelle des allgemeinen „Weniger Zeit online" versuchen Sie es mit „Nutzung sozialer Medien nur in der Mittagspause" oder „Schalten Sie Ihr Telefon nach 20 Uhr aus". Eine klarere Formulierung hilft Ihnen, sich leichter auf das Erreichen Ihrer Ziele zu konzentrieren.

Achten Sie beim Entschleunigen auf Ihre Gefühle. Sie könnten versucht sein, zu Ihren gewohnten Praktiken zurückzukehren. Denken Sie in solchen Momenten daran, warum Sie sich für Digital Detox entschieden haben und welche Vorteile Sie bereits zu spüren beginnen. Führen Sie ein Tagebuch, um Ihre Gedanken, Gefühle und Stimmungsschwankungen aufzuzeichnen. Dies wird Ihnen helfen, Ihre Fortschritte zu sehen und motiviert zu bleiben.

Richten Sie am Ende dieser Phase eine regelmäßige Überwachung Ihrer Fortschritte ein. Überprüfen Sie nach jeder Woche Ihre Erfolge und setzen Sie sich neue Ziele. Wenn Sie es beispielsweise geschafft haben, Ihre Gadget-Zeit um 30 Minuten zu verkürzen, versuchen Sie, sie in der nächsten Woche um weitere 15 Minuten zu reduzieren. Die ständige Überprüfung Ihrer Ziele wird Ihnen helfen, auf dem richtigen Weg zu bleiben.

So organisieren Sie „Detox-Tage" und -Wochen

Ein Tag oder eine Woche ohne Technologie kann eine äußerst lohnende Erfahrung sein. So können Sie eine Pause vom digitalen Lärm machen, sich auf sich selbst konzentrieren und Ihre emotionale Stärke wiederherstellen. Doch wie organisiert man solche „Detox-Tage" und -Wochen?

Bestimmen Sie zunächst den für Sie passenden Zeitpunkt für die digitale Entgiftung. Beispielsweise könnte es ein Wochenende sein, an dem Sie weniger Verpflichtungen haben. Wenn Sie Lust auf eine einwöchige Entgiftung haben, wählen Sie einen Zeitpunkt, zu dem Sie die Möglichkeit haben, in Ihrem Alltag auf Technologie zu verzichten, beispielsweise im Urlaub.

Wenn Sie eine Entgiftung planen, informieren Sie Ihre Lieben, Freunde oder Kollegen im Voraus über Ihre Absichten. Dies hilft nicht nur, Missverständnisse zu vermeiden, sondern schafft auch ein unterstützendes Umfeld, das Ihnen zum Erfolg verhilft. Erklären Sie ihnen, warum Sie sich für diesen Schritt entschieden haben, und vielleicht möchte einer von ihnen sich Ihnen anschließen.

Erstellen Sie einen Plan für Ihren Detox-Tag oder Ihre Detox-Woche. Beispielsweise können Sie am ersten Tag alle Technologien außer denen, die für die Arbeit notwendig sind, abschalten. Planen Sie Spaziergänge im Freien, lesen Sie Bücher oder treiben Sie Sport. Es wird nicht nur die Nutzung von Gadgets ersetzen, sondern auch neue Erlebnisse schaffen.

Vielleicht sind Sie daran interessiert, diesen Tag unter neuen Umständen zu verbringen. Sie können zum Beispiel örtliche Museen besuchen, einen Spaziergang in den Parks machen oder einem Hobby nachgehen, das Sie schon lange aufgeschoben haben. Die Erfahrung zeigt, dass das Kennenlernen neuer Orte und Aktivitäten die Stimmung und das allgemeine Wohlbefinden deutlich verbessern kann.

Achten Sie beim Digital Detox auf die Einführung neuer gesunder Gewohnheiten. Sie können Meditation, Achtsamkeitsübungen oder Yoga ausprobieren. Diese Übungen helfen Ihnen, sich auf Ihre eigenen Emotionen zu konzentrieren, Stress abzubauen und inneren Frieden zu finden.

Eines der gelungenen Beispiele ist die Geschichte von Maria, die sich am Wochenende zur Entgiftung entschloss. Sie stand früh auf, machte Frühstück, ohne ihr Telefon zu benutzen, und verbrachte den Tag damit, draußen spazieren zu gehen. Sie las ein Buch, das sie schon lange lernen wollte, und trieb auch Sport, was sie mehrere Monate lang nicht getan hatte. Nach einem solchen Tag hatte sie das Gefühl, ihre Energie und Inspiration wiedergewonnen zu haben, mit der sie bereit ist, eine neue Woche zu beginnen.

Machen Sie schließlich am Ende Ihres Detox-Tages oder Ihrer Detox-Woche eine Pause, um Ihre Erfahrungen zu bewerten. Schreiben Sie auf, wie Sie sich gefühlt haben, was Sie über sich selbst gelernt haben und welche Emotionen Sie begleitet haben. Dies wird Ihnen helfen, die Ergebnisse der Entgiftung zu festigen und zu verstehen, wie Sie diese Veränderungen in Ihr tägliches Leben integrieren können.

Digital Detox ist eine Gelegenheit, sich auf Ihre Bedürfnisse und Gefühle zu konzentrieren. Es ebnet den Weg zur Genesung, zur Verbesserung der psychischen Gesundheit und zur Stärkung der sozialen Bindungen. Indem Sie den digitalen Lärm aufgeben, finden Sie mehr Raum für Selbstverständnis und Entwicklung.

Kapitel 3:

Wie man in einer chaotischen Welt konzentriert bleibt

Techniken zur Aufrechterhaltung der Konzentration

Bei ständiger Informationsüberflutung ist es wichtig, nicht nur den Informationsverbrauch zu reduzieren, sondern auch zu lernen, die Konzentration aufrechtzuerhalten. Da um uns herum so viele Reize passieren, wird es immer schwieriger, sich auf wichtige Aufgaben zu konzentrieren. Es gibt jedoch wirksame Techniken, die Ihnen helfen, auf dem richtigen Weg zu bleiben und gleichzeitig die Produktivität und Klarheit Ihrer Gedanken zu bewahren.

„Pomodoro"-Technik

Eine der beliebtesten Techniken zur Konzentrationssteigerung ist die Pomodoro-Methode. Dieser Ansatz wurde in den 1980er Jahren von Francesco Cirillo entwickelt und basiert auf einem einfachen Konzept: hart arbeiten und sich dann ausruhen. Die Grundidee besteht darin, dass Sie 25 Minuten lang arbeiten (ein Pomodoro) und dann eine kurze Pause von 5 Minuten einlegen. Nach vier „Pomodoros" können Sie eine längere Pause einlegen – 15–30 Minuten.

Diese Technik hilft nicht nur, die Konzentration zu verbessern, sondern auch das Ermüdungsgefühl zu reduzieren. Es ist einfacher, sich bei der Arbeit zu konzentrieren, da man weiß, dass bald eine Pause kommt. Nach einigen Sitzungen werden Sie feststellen, dass Ihre Produktivität steigt und die Anzahl der Ablenkungen abnimmt.

So implementieren Sie diese Technik in Ihrem Leben:

1. Definieren Sie eine Aufgabe: Wählen Sie die Aufgabe aus, an der Sie arbeiten möchten.

2. Stellen Sie einen Timer ein: Stellen Sie den Timer auf 25 Minuten ein.

3. Arbeit: Konzentrieren Sie sich während dieser 25 Minuten nur auf die gewählte Aufgabe. Lassen Sie sich nicht durch Nachrichten, Anrufe oder andere Ablenkungen ablenken.

4. Pause: Wenn der Timer startet, machen Sie eine 5-minütige Pause. Stehen Sie auf, strecken Sie sich oder machen Sie etwas Entspannendes.

5. Wiederholen: Machen Sie nach vier Sitzungen eine längere Pause – 15–30 Minuten.

Diese einfache Technik hilft vielen Menschen, auch denen, die unter Dauerstress arbeiten. Elena, eine Freiberuflerin, die in der Kreativbranche arbeitet, sagt beispielsweise, dass es ihr mit der Umsetzung der „Pomodoro"-Methode gelungen sei, ihre Produktivität zu steigern und Überlastung zu vermeiden.

Zeitblockierung

Eine weitere nützliche Technik ist die Zeitblockierung, die dabei hilft, Ihren Arbeitstag so zu organisieren, dass Sie sich ohne Unterbrechungen auf bestimmte Aufgaben konzentrieren können. Die Idee besteht darin, im Voraus zu bestimmen, wie viel Zeit Sie für jede Aufgabe haben, und diese in Ihrem Kalender einzuplanen.

Hier sind einige Tipps zur Umsetzung dieser Technik:

1. Erstellen Sie eine To-Do-Liste: Identifizieren Sie alle Aufgaben, die für den Tag erledigt werden müssen.

2. Dauer bestimmen: Schätzen Sie, wie viel Zeit jede Aufgabe in Anspruch nehmen wird.

3. Planen Sie Zeit in Ihrem Kalender: Weisen Sie jeder Aufgabe in Ihrem Kalender Zeit zu. Wenn Sie beispielsweise wissen, dass das Schreiben eines Berichts zwei Stunden dauern wird, reservieren Sie dafür eine bestimmte Zeit.

4. Halten Sie sich an den Zeitplan: Versuchen Sie, die Aufgaben zum vorgegebenen Zeitpunkt zu erledigen. Wenn etwas nicht klappt,

verschieben Sie die Aufgabe auf einen anderen Tag, aber erlauben Sie sich nicht, sie ständig aufzuschieben.

5. Überprüfen und anpassen: Bewerten Sie am Ende des Tages oder der Woche, wie Sie Ihren Zeitplan eingehalten haben. Achten Sie darauf, ob Sie den Zeitaufwand für die Aufgaben realistisch eingeschätzt haben und ob noch etwas angepasst werden muss.

Diese Technik hilft, den Stresspegel zu reduzieren, da Sie zu jedem Zeitpunkt genau wissen, was Sie tun müssen. Es reduziert auch das Risiko von Ablenkungen, wenn Sie sich jeweils auf eine Aufgabe konzentrieren.

Aufgabenverwaltung

Effektives Aufgabenmanagement ist ein weiterer wichtiger Aspekt, der dabei hilft, den Fokus aufrechtzuerhalten. Die Verwendung verschiedener Aufgabenverwaltungstools kann Ihr Leben vereinfachen und es Ihnen ermöglichen, sich leichter auf die Erledigung von Aufgaben zu konzentrieren.

Hier sind einige nützliche Methoden:

1. Verwenden Sie To-Do-Listen: Erstellen Sie eine tägliche To-Do-Liste, die Sie jeden Morgen aktualisieren. Markieren Sie die Aufgaben, die erledigt werden müssen, und haken Sie sie ab, wenn Sie sie erledigt haben.

2. Aufgaben klassifizieren: Teilen Sie Ihre Aufgaben in Kategorien wie „dringend", „wichtig", „sekundär" ein. Dies wird Ihnen helfen zu verstehen, worauf Sie sich zuerst konzentrieren müssen.

3. Priorisieren: Nutzen Sie ein Prioritätssystem für Ihre Aufgaben. Beispielsweise können Sie Aufgaben mit A, B und C kennzeichnen, wobei „A" die kritischste Aufgabe ist.

4. Technologie nutzen: Heutzutage gibt es viele Anwendungen zur Aufgabenverwaltung, wie zum Beispiel Todoist, Trello oder Asana. Sie ermöglichen es Ihnen, Listen zu erstellen, Fristen festzulegen, mit anderen zusammenzuarbeiten und Ihren Fortschritt zu überwachen.

5. Überprüfen Sie regelmäßig: Überprüfen Sie Ihre To-Do-Listen einmal pro Woche und passen Sie sie an, wenn sich Ihr Leben oder Ihre Arbeit ändert. Dies wird Ihnen helfen, auf dem richtigen Weg zu bleiben und sich an neue Bedingungen anzupassen.

Diese einfachen, aber effektiven Techniken zur Aufgabenverwaltung können Ihre Konzentrationsfähigkeit erheblich verbessern. Serhiy, der im IT-Bereich arbeitet, hat beispielsweise ein Prioritätensystem in seinen Alltag eingeführt. Dadurch konnte er sich auf die wichtigsten Aufgaben konzentrieren, was sich positiv auf seine Produktivität und sein allgemeines Wohlbefinden auswirkte.

In der heutigen Welt voller Informationen und ständiger Ablenkungen ist es eine wahre Kunst, konzentriert zu bleiben. Techniken wie Pomodoro, Zeitblockierung und effektives Aufgabenmanagement können in diesem Kampf Ihre besten Verbündeten sein.

Konzentriert zu bleiben hat nicht nur mit der Produktivität zu tun, sondern auch mit der Lebensqualität. Wenn Sie wissen, wie man sich konzentriert, reduzieren Sie den Stress und haben die Möglichkeit, die Momente in vollen Zügen zu genießen. Zeit ohne Ablenkungen wird nicht nur produktiv, sondern auch angenehm. Die Integration dieser Techniken in Ihr tägliches Leben kann Ihre Wahrnehmung der Arbeit verändern und Ihnen helfen, in einer Welt des Chaos wieder ins Gleichgewicht zu kommen.

So schützen Sie die Aufmerksamkeit vor digitalen Ablenkungen

Wir leben heute in einem Zeitalter des kontinuierlichen Informationsflusses, in dem fast jeder unserer Schritte von Benachrichtigungen, Nachrichten und sozialen Medien begleitet wird. Die Folge ist, dass die Aufmerksamkeit zerstreut ist und die Fähigkeit, sich auf wichtige Aufgaben zu konzentrieren, eine echte Herausforderung darstellt. Es gibt jedoch wirksame Strategien, die Ihnen helfen können, Ihre Aufmerksamkeit vor digitalen Ablenkungen zu schützen und eine Umgebung zu schaffen, die produktives Arbeiten fördert.

Unnötige Benachrichtigungen deaktivieren

Eine der effektivsten Möglichkeiten, Ablenkungen zu reduzieren, besteht darin, unnötige Benachrichtigungen zu deaktivieren. Studien der University of California zufolge kann eine einzige Benachrichtigung Sie 20 bis 30 Minuten lang ablenken. Stellen Sie sich vor, Sie arbeiten an einem wichtigen Projekt und plötzlich erscheint eine Nachricht aus einem sozialen Netzwerk oder eine E-Mail auf Ihrem Bildschirm. Dieser Moment der Entspannung kann zu einem langfristigen Produktivitätsverlust führen.

Hier sind einige einfache Schritte zur Umsetzung dieser Strategie:

1. Überprüfen Sie Ihre Benachrichtigungseinstellungen: Nehmen Sie sich ein paar Minuten Zeit, um die Benachrichtigungseinstellungen Ihres Geräts zu überprüfen. Deaktivieren Sie Benachrichtigungen für alle Apps, die für Ihre Arbeit nicht wichtig sind.

2. Hinterlassen Sie nur wichtige Benachrichtigungen: Wenn Sie Ihr Telefon beispielsweise beruflich verwenden, hinterlassen Sie nur Benachrichtigungen von Diensten, die Sie bei der Erledigung von Aufgaben unterstützen, z. B. E-Mail oder Projektmanagement-Apps.

3. Erstellen Sie einen „Bitte nicht stören"-Modus: Die meisten modernen Smartphones und Computer verfügen über einen „Bitte nicht stören"-Modus, der alle Benachrichtigungen blockiert, außer denen, die Sie als wichtig definieren. Schalten Sie diesen Modus ein, während Sie arbeiten oder wenn Sie sich konzentrieren müssen.

Diese einfachen Schritte können Ablenkungen deutlich reduzieren und Ihre Produktivität steigern. Eine von der Stanford University durchgeführte Studie ergab, dass eine Reduzierung der Benachrichtigungen um 50 % zu einer Produktivitätssteigerung von 20 % führte. Also weniger Benachrichtigungen = mehr Fokus.

Blockieren sozialer Netzwerke während der Arbeit

Soziale Medien sind definitiv eine der größten Quellen digitaler Ablenkung. Sobald Sie die App geöffnet haben, kann es eine Weile dauern, bis Sie wieder an die Arbeit gehen. Studien zeigen, dass Menschen, die während der Arbeit soziale Medien nutzen, bis zu 40 % ihrer Produktivität verlieren. Daher kann die Sperrung des Zugriffs auf soziale Netzwerke während der Arbeit ein wichtiger Schritt zur Verbesserung Ihrer Konzentration sein.

Hier sind einige Strategien, die Ihnen helfen, die Auswirkungen sozialer Medien auf Ihre Arbeit zu reduzieren:

1. Nutzen Sie Site-Blocker: Es gibt viele kostenlose und kostenpflichtige Programme, mit denen Sie den Zugriff auf soziale Netzwerke für einen bestimmten Zeitraum sperren können. Mit Apps wie Freedom, Cold Turkey oder StayFocusd können Sie beispielsweise einen Sperrplan für den gesamten Tag oder für bestimmte Stunden festlegen.

2. Schaffen Sie eine Arbeitsumgebung: Wenn Sie in einem Büro oder zu Hause arbeiten, sollten Sie darüber nachdenken, einen eigenen Bereich einzurichten, in dem Sie ohne Zugang zu sozialen Medien arbeiten. Sie können beispielsweise auf einem separaten Gerät ohne installierte soziale Netzwerke arbeiten oder sich einfach physisch von Ihren Gadgets distanzieren.

3. Planen Sie Zeit für soziale Medien ein: Anstatt Ihre sozialen Medien unkontrolliert zu überprüfen, legen Sie dafür eine bestimmte Zeit fest. Sie können sich beispielsweise in der Mittagspause oder nach der Arbeit 15 Minuten Zeit nehmen, um die Nachrichten in den sozialen Netzwerken zu lesen. So können Sie soziale Medien genießen, ohne von der Arbeit abzulenken.

4. Aufmerksamkeit aufrechterhalten: Achten Sie darauf, wie oft Sie soziale Netzwerke öffnen. Das Führen eines Protokolls darüber, wie viel Zeit Sie auf diesen Plattformen verbringen, kann Ihnen helfen, das Ausmaß Ihrer Nutzung zu verstehen und Sie zu motivieren, diese zu reduzieren.

Diese Strategien können einen großen Beitrag dazu leisten, die Auswirkungen sozialer Medien auf Ihre Produktivität zu verringern. Oleg, ein Vermarkter, beschloss beispielsweise, während der Arbeit den Zugriff auf Facebook und Instagram zu sperren. Dadurch konnte er sich auf wichtige Aufgaben konzentrieren und Projekte früher als geplant abschließen.

Einfache Implementierung

All das ist erschwinglich und einfach umzusetzen. Sie benötigen keine komplexen Lösungen oder teure Software. Manchmal reicht es aus, einfach zu erkennen, welche Faktoren Ihre Produktivität behindern, und ein paar einfache Schritte zu unternehmen, um sie zu beseitigen.

Das Problem bei Ablenkungen ist, dass wir uns oft nicht bewusst sind, wie viel Zeit und Energie sie kosten. Untersuchungen zeigen, dass 80 % der Menschen keine Kontrolle darüber haben, wie viel Zeit sie mit digitalen Geräten verbringen. Einfache Aufzeichnungen können der erste Schritt zu einem fundierteren Einsatz von Technologie sein.

Konzentrieren Sie sich auf Ergebnisse

Bedenken Sie jedoch, dass all diese Strategien nicht nur darauf abzielen, Ablenkungen zu reduzieren, sondern auch Ihre Produktivität zu steigern und Ihre Ziele zu erreichen. Wenn Sie konzentriert sind, erzielen Sie schneller und bessere Ergebnisse.

Am Beispiel von Victoria, einer Studentin, die sich entschieden hat, die oben genannten Strategien bei der Prüfungsvorbereitung anzuwenden. Sie schaltete ihre Telefonbenachrichtigungen aus, blockierte soziale Medien und erstellte einen Studienplan. Anstatt Stunden damit zu verbringen, Nachrichten zu lesen, konzentrierte sie sich auf das Lernen. Dadurch konnte sie sich nicht nur gut auf die Prüfungen vorbereiten, sondern auch ihre Ergebnisse verbessern.

Zusammenfassend lässt sich festhalten, dass es angesichts digitaler Ablenkungen wichtig ist, den Fokus aufrechtzuerhalten. Durch den Einsatz einfacher Strategien wie dem Deaktivieren unnötiger Benachrichtigungen und dem Blockieren sozialer Netzwerke können Sie Ihre Produktivität erheblich steigern. Ihre Aufmerksamkeit ist Ihr größtes Kapital und Sie sollten Maßnahmen ergreifen, um sie zu schützen. Wenn Sie sich auf Ergebnisse konzentrieren, können Sie nicht nur bei der Arbeit mehr erreichen, sondern auch Ihre allgemeine Lebensqualität verbessern.

Üben gleichzeitiger Aufgaben vs. Einzelfokus

In einer Welt mit ständig wachsendem Informationsfluss gilt Multitasking für viele Menschen noch immer als Zeichen von Effizienz und Leistungsfähigkeit. Wissenschaftliche Erkenntnisse zeichnen jedoch ein anderes Bild: Multitasking kann die Produktivität senken, die Qualität der Arbeit verschlechtern und das geistige Wohlbefinden beeinträchtigen. Wer lernt, bewusst auf Einzelfokus zu setzen, kann seine Leistungsfähigkeit nachhaltig steigern.

Was ist Multitasking wirklich?

Multitasking bezeichnet den Versuch, mehrere Aufgaben gleichzeitig zu erledigen oder schnell zwischen ihnen zu wechseln. In zeitlich engen und reizüberfluteten Arbeitsumgebungen wirkt dieses Vorgehen zunächst sinnvoll. Doch die entscheidende Frage lautet: Führt Multitasking tatsächlich zu besseren Ergebnissen?

Die Antwort ist klar: nein. Studien der Stanford University zeigen, dass Personen, die häufig multitasken, deutlich schlechter abschneiden als jene, die sich auf jeweils eine Aufgabe konzentrieren. Multitasking verlängert nicht nur die Bearbeitungszeit, sondern reduziert auch die Qualität der Ergebnisse.

Die Folgen von Multitasking für das Gehirn

Beim Multitasking ist das Gehirn gezwungen, ständig zwischen Aufgaben umzuschalten. Dieser permanente Wechsel erfordert erhebliche kognitive Energie und führt zu mentaler Ermüdung. Die Folge sind erhöhter Stress, geringere Konzentrationsfähigkeit und langfristig ein erhöhtes Risiko für Burnout und Angstzustände.

Eine Studie der University of California zeigt zudem, dass Menschen im Durchschnitt rund 23 Minuten benötigen, um nach einer Unterbrechung wieder vollständig in ihre ursprüngliche Aufgabe zurückzufinden. Häufiges Wechseln summiert diese Zeitverluste und untergräbt nachhaltige Produktivität.

Warum Einzelfokus der Schlüssel zur Produktivität ist

Single-Tasking — die bewusste Konzentration auf eine einzige Aufgabe — ermöglicht es dem Gehirn, effizienter und tiefer zu arbeiten. Ohne ständige Unterbrechungen kann mentale Energie gezielt eingesetzt werden, was zu besseren Ergebnissen führt.

Ein zentraler Vorteil des Einzelfokus liegt in der Qualität der Arbeit. Wer sich voll auf eine Aufgabe einlässt, erkennt Zusammenhänge, arbeitet präziser und findet kreativere Lösungen. Gleichzeitig reduziert diese Arbeitsweise Stress und vermittelt ein Gefühl von Kontrolle — besonders in anspruchsvollen oder zeitkritischen Situationen.

Wie Sie Single-Tasking in Ihren Alltag integrieren

- **Priorisieren:** Fragen Sie sich täglich: *Was ist heute wirklich wichtig?* Arbeiten Sie Aufgaben nacheinander ab, nicht parallel.

- **Zeitfenster setzen:** Nutzen Sie Methoden wie die Pomodoro-Technik — 25 Minuten konzentrierte Arbeit, gefolgt von einer kurzen Pause.

- **Ablenkungen reduzieren:** Schaffen Sie eine ruhige Arbeitsumgebung. Deaktivieren Sie Benachrichtigungen, schließen Sie unnötige Tabs und halten Sie Ihren Arbeitsplatz übersichtlich.

- **Pausen bewusst einplanen:** Erholung ist kein Luxus, sondern Voraussetzung für nachhaltige Konzentration.

- **Achtsamkeit üben:** Kurze Atemübungen oder Momente bewusster Präsenz helfen, den Fokus zu stabilisieren und innere Unruhe zu reduzieren.

Die Wirkung des Einzelfokus

Menschen, die konsequent auf Single-Tasking setzen, berichten nicht nur von höherer Produktivität, sondern auch von mehr Zufriedenheit und mentaler Klarheit. Studien bestätigen: Weniger Aufgaben gleichzeitig bedeuten weniger Stress und ein stärkeres Gefühl von Sinnhaftigkeit in der Arbeit.

Ein Beispiel ist Andriy, ein Programmierer, der früher ständig multitaskte. Nachdem er begann, täglich mehrere Stunden ohne Ablenkung zu arbeiten, stieg seine Produktivität um rund 40 %, während sich die Qualität seines Codes deutlich verbesserte.

Darüber hinaus ermöglicht Einzelfokus, Arbeit wieder als sinnvollen Prozess zu erleben — nicht als endlosen Wettlauf gegen die Zeit. In einer Welt permanenter Reize wird die Fähigkeit, die eigene Aufmerksamkeit zu schützen, zu einer entscheidenden Kompetenz.

Multitasking loszulassen und sich bewusst einer Aufgabe nach der anderen zu widmen, ist kein Rückschritt — sondern ein Schritt zu mehr Klarheit, Wirksamkeit und mentaler Gesundheit. Wer lernt, im richtigen Moment vollständig präsent zu sein, schafft die Grundlage für nachhaltigen Erfolg und inneres Gleichgewicht.

Kapitel 4:

Achtsamkeit – Wege zu innerer Ruhe und Balance

Meditation und Atemtechniken zur Bewältigung von Angstzuständen.

In einer Welt, in der der Informationsfluss ständig zunimmt und Stress zu einem integralen Bestandteil unseres Lebens wird, sind Achtsamkeitsübungen besonders wichtig. Achtsamkeit ist die Fähigkeit, im Moment präsent zu sein und Ihre Gedanken und Gefühle ohne Urteil zu beobachten. Eine der effektivsten Möglichkeiten, Achtsamkeit zu üben, sind Meditation und Atemtechniken, die dazu beitragen können, Angstzustände zu reduzieren, das emotionale Wohlbefinden zu verbessern und letztendlich das allgemeine geistige Gleichgewicht zu verbessern.

Was ist Achtsamkeit?

Achtsamkeit ist eine Praxis, die ihre Wurzeln im Buddhismus hat, aber in letzter Zeit in der westlichen Psychologie populär geworden ist. Dabei geht es darum, Ihre Gedanken, Gefühle und Körperempfindungen im gegenwärtigen Moment aktiv zu beobachten, ohne zu versuchen, sie zu ändern oder zu vermeiden. Achtsamkeit ermöglicht es uns, ein tieferes Verständnis für uns selbst und unsere Reaktionen zu entwickeln, was wiederum Ängste reduzieren und die Lebensqualität verbessern kann.

Untersuchungen zeigen, dass regelmäßige Achtsamkeitsübungen die Neuroplastizität unseres Gehirns verändern können. Das bedeutet, dass wir mit der Zeit lernen können, gelassener auf Stresssituationen zu reagieren und so das Ausmaß an Ängsten und Furcht zu reduzieren.

Meditation zur Reduzierung von Angstzuständen

Meditation ist eine der beliebtesten Methoden, Achtsamkeit zu üben. Es kann viele Formen annehmen, aber alle zielen darauf ab, das Bewusstsein zu stärken und Ängste abzubauen. Studien zeigen, dass Meditation den

Cortisolspiegel, das Stresshormon, senken und das allgemeine emotionale Wohlbefinden verbessern kann.

Eine der einfachsten und effektivsten Meditationsformen ist die Atemmeditation. Bei dieser Technik konzentrieren Sie sich auf Ihre Atmung und beobachten, wie die Luft in Ihren Körper hinein und aus ihm heraus strömt. Dies ermöglicht es uns, uns auf den gegenwärtigen Moment zu konzentrieren und uns von ängstlichen Gedanken abzulenken.

Atemmeditationstechnik

1. Suchen Sie sich einen ruhigen Ort: Setzen Sie sich bequem an einen ruhigen Ort, an dem Sie nicht abgelenkt werden.

2. Schließen Sie Ihre Augen: Schließen Sie Ihre Augen und konzentrieren Sie sich auf Ihre Atmung. Spüren Sie, wie die Luft Ihre Lungen füllt, und gehen Sie dann.

3. Beobachten Sie Ihren Atem: Versuchen Sie nicht, Ihren Atem zu verändern, sondern beobachten Sie ihn einfach. Konzentrieren Sie sich auf die Empfindungen in Ihrem Körper.

4. Wenn Ihre Gedanken abschweifen: Es ist natürlich. Wenn Sie bemerken, dass Ihre Gedanken abschweifen, richten Sie Ihre Aufmerksamkeit einfach wieder sanft auf Ihre Atmung.

5. Dauer: Beginnen Sie mit 5–10 Minuten pro Tag und steigern Sie die Meditationszeit schrittweise.

Untersuchungen zeigen, dass eine regelmäßige Meditationspraxis bei vielen Menschen zu einer Verringerung der Angstsymptome führen kann. Eine Studie ergab beispielsweise, dass Teilnehmer, die acht Wochen lang meditierten, eine deutliche Verringerung ihrer Angst erlebten.

Atemtechniken zur Bewältigung von Angstzuständen

Atemtechniken sind auch ein wirksames Instrument zur Bewältigung von Angstzuständen. Sie helfen uns, zur Ruhe zu kommen, unsere Herzfrequenz zu senken und unseren Stresspegel zu reduzieren. Wenn wir uns ängstlich fühlen, wird unsere Atmung oft flach und schnell.

Atemtechniken helfen dabei, einen normalen Atemrhythmus wiederherzustellen.

Hier sind einige einfache Atemtechniken, mit denen Sie Ängste reduzieren können.

Technik 4-7-8

Diese Technik wurde von Dr. Andrew Weil entwickelt und ist eine der beliebtesten Atemübungen zur Beruhigung des Nervensystems.

1. Nehmen Sie eine bequeme Position ein: Setzen oder legen Sie sich in eine bequeme Position.

2. Durch den Mund ausatmen: Atmen Sie durch den Mund aus und machen Sie dabei ein pfeifendes Geräusch.

3. Schließen Sie den Mund und atmen Sie durch die Nase ein: Atmen Sie durch die Nase ein und zählen Sie dabei bis vier.

4. Halten Sie den Atem an: Halten Sie den Atem sieben Mal an.

5. Ausatmen: Atmen Sie durch den Mund aus und zählen Sie dabei bis acht.

6. Wiederholen: Wiederholen Sie den Zyklus noch dreimal.

Diese Technik kann Ihnen helfen, sich zu beruhigen und Ihre Angstzustände zu reduzieren, insbesondere vor dem Schlafengehen.

Zwerchfellatmung

Die Zwerchfellatmung, auch Tieratmung genannt, ermöglicht es Ihnen, mit dem Zwerchfell tiefer zu atmen, was die Entspannung fördert.

1. Hinlegen oder aufsetzen: Finden Sie eine bequeme Position.

2. Legen Sie eine Hand auf Ihren Bauch: Spüren Sie, wie sich Ihre Hand beim Atmen hebt und senkt.

3. Atmen Sie langsam durch die Nase ein: Spüren Sie, wie sich Ihr Bauch beim Einatmen hebt.

4. Atmen Sie langsam durch den Mund aus: Lassen Sie Ihren Magen beim Ausatmen nach unten sinken.

5. Weiter: Setzen Sie diese Übung 5–10 Minuten lang fort.

Studien bestätigen, dass die Zwerchfellatmung das Stress- und Angstniveau deutlich reduzieren kann. Durch die regelmäßige Anwendung dieser Technik können Sie das geistige Gleichgewicht aufrechterhalten, die Konzentration verbessern und die allgemeine Stimmung verbessern.

Wie man Achtsamkeitsübungen in den Alltag integriert

Um den größtmöglichen Nutzen aus Meditation und Atemtechniken zu ziehen, ist es wichtig, diese in den Alltag zu integrieren. Hier sind einige Tipps, wie es geht:

1. Legen Sie einen regelmäßigen Zeitplan fest: Nehmen Sie sich jeden Tag Zeit für Meditation und Atemübungen. Dies kann morgens vor Beginn des Tages, in der Mittagspause oder vor dem Schlafengehen passieren.

2. Verwenden Sie Erinnerungen: Richten Sie Erinnerungen auf Ihrem Telefon ein, damit Sie nicht vergessen, Achtsamkeit zu üben.

3. Üben Sie Achtsamkeit bei alltäglichen Aktivitäten: Versuchen Sie, bei alltäglichen Aktivitäten wie Essen, Gehen oder Sprechen mit anderen Menschen achtsam zu sein. Dies wird Ihnen helfen, im Moment präsent zu bleiben.

4. Andere einbeziehen: Teilen Sie Ihre Praktiken mit Freunden oder der Familie. Gemeinsames Üben kann die Motivation steigern und die Leistung verbessern.

5. Seien Sie geduldig: Achtsamkeit ist eine Fähigkeit, deren Entwicklung Zeit braucht. Seien Sie geduldig mit sich selbst, wenn Sie keine sofortigen Ergebnisse verspüren.

Ergebnisse von Achtsamkeitsübungen

Viele Menschen, die Meditation und Atemtechniken praktizieren, berichten von deutlichen Verbesserungen in ihrem Leben. Olena, die im Bereich Marketing arbeitet, hatte beispielsweise das Gefühl, dass regelmäßige Meditation ihr dabei half, besser mit Stress und Ängsten am Arbeitsplatz umzugehen. Sie wurde konzentrierter und produktiver, was zu einer Beförderung am Arbeitsplatz führte.

Untersuchungen zeigen, dass Meditation und Atemtechniken in vielen Fällen dazu beitragen können, das Angstniveau um 50 % oder mehr zu reduzieren. Es kann sich positiv auf Ihre geistige und körperliche Gesundheit auswirken, Ihre Schlafqualität verbessern und Ihre allgemeine Lebenszufriedenheit steigern.

Achtsamkeitsübungen wie Meditation und Atemtechniken sind wirksame Werkzeuge zur Aufrechterhaltung des geistigen Gleichgewichts. Sie helfen, Angstzustände zu reduzieren, den emotionalen Zustand zu verbessern und das allgemeine Wohlbefinden zu fördern. Indem Sie diese Praktiken in Ihr tägliches Leben integrieren, können Sie ein bewussteres, ausgeglicheneres und zufriedeneres Leben führen. Die Zeit, die Sie mit Meditieren und Atmen verbringen, ist eine Investition in Ihre Zukunft, die sich auszahlt.

Minimalismus im Denken

In der heutigen informationsgesättigten Welt können zu viele Gedanken und Ablenkungen zu einer psychischen Überlastung führen. Der zunehmende Druck durch soziale Medien, Nachrichten und persönliche Verpflichtungen kann verheerende Auswirkungen auf unseren Geist haben und uns daran hindern, uns auf das wirklich Wichtige zu konzentrieren. Dies führt zu Angstgefühlen, Stress und sogar Burnout. In diesem Zusammenhang wird die Idee des Minimalismus im Denken äußerst relevant. Dies ist ein Ansatz, der hilft, Gedanken zu vereinfachen und sich auf das Wesentliche zu konzentrieren.

Minimalismus im Denken besteht in der bewussten Ablehnung unnötiger Gedanken und Informationsflüsse, um Platz für wichtigere Aspekte des Lebens zu schaffen.

Warum es wichtig ist, unnötige Gedanken loszuwerden

Zusätzliche Gedanken können zu einer echten Belastung werden. Sie können dazu führen:

- Geistige Müdigkeit: Wenn wir ständig über verschiedene Dinge nachdenken, wird unser Geist müde, was die Produktivität verringert und die Wahrscheinlichkeit von Stress erhöht.

- Verminderte Konzentration: Ständige Ablenkungen hindern uns daran, uns auf Aufgaben zu konzentrieren, die unsere Aufmerksamkeit erfordern. Dies kann zu schlechter Arbeitsqualität und Unzufriedenheit führen.

- Angst und Stress: Übermäßige Gedanken drehen sich oft um zukünftige Ereignisse oder Ungewissheit, was Angst auslösen kann. Wenn wir den Fokus auf den gegenwärtigen Moment verlieren, werden wir anfälliger für emotionale Überlastung.

Prinzipien des Minimalismus im Denken

Minimalismus im Denken basiert auf mehreren Schlüsselprinzipien, die Ihnen helfen können, Ihren Geist zu befreien:

- Vereinfachen: Bestimmen Sie, was Ihnen wirklich wichtig ist und verwerfen Sie unnötige Gedanken. Vereinfachen Sie Ihre Aufgaben und Verantwortlichkeiten.

- Konzentrieren Sie sich auf die Gegenwart: Lernen Sie, im Moment zu leben. Dies wird dazu beitragen, Ängste abzubauen und das Bewusstsein zu schärfen.

- Konsumieren Sie gezielt Informationen: Wählen Sie, welche Informationen Sie aufnehmen. Reduzieren Sie den Einfluss von Nachrichten und sozialen Medien auf Ihr Leben.

Strategien zur Erreichung von Minimalismus im Denken

1. Achtsamkeitspraxis

Eine der wirksamsten Strategien zur Reduzierung unnötiger Gedanken ist das Üben von Achtsamkeit. Dazu gehören Meditation, Atemtechniken und die achtsame Beobachtung Ihrer Gedanken. Regelmäßige Achtsamkeitsübungen helfen Ihnen zu verstehen, welche Gedanken unnötig sind, und lernen, sie loszulassen.

Hier sind einige einfache Achtsamkeitstechniken, die Sie ausprobieren können:

- Beobachtungsmeditation: Suchen Sie sich einen ruhigen Ort, schließen Sie die Augen und beobachten Sie einfach Ihre Gedanken, ohne sie zu beurteilen. Dies wird Ihnen helfen, zu erkennen, welche Gedanken unnötig sind, und lernen, sie loszulassen.

- Atemübungen: Verwenden Sie Atemtechniken wie die 4-7-8-Atmung, um Ihren Geist zu beruhigen und ihn von unnötigen Gedanken zu befreien.

2. Einschränkung des Informationsflusses

In der heutigen Welt ist es wichtig, die Menge der konsumierten Informationen zu begrenzen. Dies kann Folgendes umfassen:

- Selektives Lesen von Nachrichten: Anstatt die Nachrichten den ganzen Tag über zu verfolgen, nehmen Sie sich eine bestimmte Zeit zum Lesen. Wählen Sie zuverlässige Quellen und konzentrieren Sie sich auf das Endergebnis.

- Social-Media-Abonnements: Überprüfen Sie Ihre Abonnements und speichern Sie nur diejenigen, die Sie nützlich oder unterhaltsam finden. Melden Sie sich von unnötigen Konten ab, die bei Ihnen negative Emotionen hervorrufen.

3. Die Praxis der „Dokumentation von Gedanken"

Diese Technik besteht darin, Ihre Gedanken aufzuschreiben. Dies kann Ihnen helfen, Ihren Kopf von unnötigen Gedanken zu befreien und sich auf das Wesentliche zu konzentrieren. Hier sind einige Tipps zum Führen eines „Gedankentagebuchs":

- Verwenden Sie ein Tagebuch: Schreiben Sie Ihre Gedanken, Gefühle und Erfahrungen auf. Dies wird Ihnen helfen, Ihre Gedanken zu strukturieren und Ängste abzubauen.

- Priorisieren: Schreiben Sie eine Liste mit Aufgaben für den Tag auf und bestimmen Sie, welche davon am wichtigsten sind. Dies wird

Ihnen helfen, sich nur auf die wichtigsten Aufgaben zu konzentrieren.

4. Definition von Zielen

Klare Ziele können Ihnen helfen, sich auf das wirklich Wichtige zu konzentrieren. Wenn Sie wissen, was Sie erreichen möchten, ist es einfacher, unnötige Gedanken loszulassen und sich auf Ihre Bemühungen zu konzentrieren.

- SMART-Methode: Nutzen Sie die SMART-Prinzipien (spezifisch, messbar, erreichbar, relevant, zeitgebunden), um Ihre Ziele zu definieren. Dies wird Ihnen helfen, klare Aktionspläne zu erstellen und sich auf deren Umsetzung zu konzentrieren.

- Überprüfen Sie Ihre Ziele regelmäßig: Überprüfen Sie Ihre Ziele regelmäßig, um Ihren Fortschritt zu beurteilen und sie bei Bedarf anzupassen. So bleiben Sie auf dem richtigen Weg und vermeiden unnötige Ablenkungen.

5. Ausübung körperlicher Aktivität

Regelmäßige körperliche Aktivität wirkt sich positiv auf die psychische Gesundheit aus. Es hilft, Stress und Ängste zu reduzieren und fördert die Klarheit der Gedanken. Integrieren Sie körperliche Aktivität in Ihren Alltag.

- Treiben Sie Sport: Wählen Sie eine Sportart, die Ihnen Spaß macht, und treiben Sie sie regelmäßig. Es kann Laufen, Yoga, Tanzen oder jede andere Aktivität sein.

- Gehen Sie nach draußen: Allein der Aufenthalt im Freien kann viel zur Verbesserung Ihrer Stimmung beitragen. Versuchen Sie einen Spaziergang im Park oder im Wald.

6. Reduzierung der Verbindlichkeiten

Manchmal ist unser Geist mit zu vielen Verpflichtungen überlastet. Versuchen Sie herauszufinden, welche Verpflichtungen wirklich wichtig sind und welche gekündigt werden können.

- Grenzen setzen: Lernen Sie, zu unnötigen Einladungen und Verpflichtungen „Nein" zu sagen. So sparen Sie Zeit und Energie für wichtigere Dinge.

- Konzentrieren Sie sich auf Prioritäten: Identifizieren Sie Ihre obersten Prioritäten und konzentrieren Sie sich auf diese. Dies wird Ihnen helfen, unnötige Dinge zu vermeiden.

Vorteile des Minimalismus im Denken

Die Einführung von Minimalismus in Ihr Denken bringt viele Vorteile:

- Stressabbau: Weniger Überdenken bedeutet weniger Stress. Dadurch können Sie die Herausforderungen des Alltags leichter meistern.

- Verbesserte Konzentration: Die Konzentration auf das Wesentliche steigert Produktivität und Qualität

Achtsamkeit im Alltag üben

In der heutigen Welt voller Informationen und Stress ist die Achtsamkeitspraxis zu einer echten Rettung für diejenigen geworden, die Frieden und Ausgeglichenheit in ihrem Leben finden möchten. Es ermöglicht uns zu lernen, im Moment präsent zu sein, uns auf wichtige Dinge zu konzentrieren und unnötiges Chaos in unseren Köpfen zu beseitigen. Aber wie integrieren Sie Achtsamkeit in Ihren Alltag? Wie können wir es zu einem Teil unserer Routine machen?

Wie man Achtsamkeit in den Alltag integriert

1. Achtsamkeitsübungen am Morgen

Wenn Sie Ihren Tag mit einer Achtsamkeitsübung beginnen, können Sie in eine positive Stimmung versetzen. Nehmen Sie sich ein paar Minuten Zeit, um aufmerksam zu sein, anstatt sofort auf Ihr Telefon zu schauen oder die Nachrichten zu lesen. Hier sind einige einfache Übungen:

- Morgendliche Achtsamkeitsmeditation: Suchen Sie sich nach dem Aufwachen einen ruhigen Ort, schließen Sie die Augen und konzentrieren Sie sich auf Ihre Atmung. Hören Sie, wie die Luft in

Ihren Körper ein- und ausströmt. Versuchen Sie, dies 5-10 Minuten lang zu tun. Dies wird Ihnen helfen, sich auf den neuen Tag vorzubereiten.

- Dankbarkeit: Schreiben Sie vor Beginn des Tages drei Dinge auf, für die Sie dankbar sind. Es kann etwas Einfaches sein, zum Beispiel Frühstück, frische Luft oder gute Beziehungen zu Freunden. Diese Praxis bereitet Sie auf eine positive Wahrnehmung der Welt vor.

2. Bewusstes Frühstück

Das Frühstück ist eine großartige Gelegenheit, Achtsamkeit zu üben. Versuchen Sie, sich auf jeden Bissen zu konzentrieren, anstatt an einem Automaten zu essen.

- Geschmack und Textur: Achten Sie auf den Geschmack und die Textur Ihrer Lebensmittel. Lassen Sie jedes Stück Teil Ihrer Meditation werden. Beachten Sie, wie Ihr Essen aussieht, riecht und sich anfühlt, wenn Sie es essen.

- Ablenkungen ausschalten: Schalten Sie den Fernseher aus und legen Sie Ihr Telefon weg. Nehmen Sie sich Zeit, das Frühstück ohne Ablenkungen zu genießen.

3. Bewusste Bewegung

Im Alltag geht es oft darum, von einem Ort zum anderen zu wechseln, und dieser Prozess kann bewusst gestaltet werden. Nutzen Sie Ihre Pendelzeit, um Achtsamkeit zu üben.

- Spaziergänge: Wenn Sie zur Arbeit gehen oder einfach nur spazieren gehen, achten Sie auf die Geräusche, Gerüche und Sehenswürdigkeiten in der Umgebung. Spüren Sie, wie Ihre Füße den Boden berühren und wie viel Energie bei der Bewegung verbraucht wird. Hören Sie Musik oder Podcasts bewusst, aber versuchen Sie, im Moment präsent zu sein.

- Transport: Wenn Sie öffentliche Verkehrsmittel nutzen, versuchen Sie, mit geschlossenen Augen zu meditieren. Hören Sie auf die

Geräusche um Sie herum und achten Sie auf den Rhythmus Ihrer Atmung.

4. Bewusstes Arbeitsumfeld

Es ist wichtig, das Bewusstsein bei der Arbeit aufrechtzuerhalten, da Sie dadurch die Produktivität steigern und Stress reduzieren können. Hier sind einige Strategien:

- Timer zum Arbeiten: Stellen Sie einen Timer auf 25–30 Minuten ein, um Aufgaben zu erledigen. Dies ist die Pomodoro-Technik, die dabei hilft, Konzentration und Bewusstsein aufrechtzuerhalten. Machen Sie nach jeder Sitzung eine kurze Pause, um sich bewusst zu entspannen.

- Atempausen: Machen Sie in den Pausen einige Atemübungen. Atmen Sie tief durch die Nase ein, halten Sie den Atem einige Sekunden lang an und atmen Sie dann langsam durch den Mund aus. Dies wird Ihnen helfen, sich zu beruhigen und zu konzentrieren.

5. Abendliche Achtsamkeitsübung

Beenden Sie Ihren Tag mit Achtsamkeit. Dadurch können Sie die im Laufe des Tages angesammelte Anspannung abbauen und sich auf den Schlaf vorbereiten.

- Reflexion des Tages: Schreiben Sie vor dem Schlafengehen Ihre Gedanken über den Tag auf. Was ist gut gelaufen? Was könnte besser sein? Dies wird Ihnen helfen, sich Ihrer Erfahrungen bewusst zu werden und daraus zu lernen.

- Abendmeditation: Nehmen Sie sich vor dem Schlafengehen 5–10 Minuten Zeit für die Meditation. Konzentrieren Sie sich auf Ihre Atmung und visualisieren Sie positive Bilder, die Ihnen Frieden und Freude bringen.

6. Bewusste Kommunikation

Achtsamkeit kann auch in der Kommunikation mit anderen Menschen eingesetzt werden. Dies wird dazu beitragen, Ihre Beziehung zu verbessern und das Ausmaß von Konflikten zu reduzieren.

- Hören Sie aktiv zu: Wenn jemand spricht, konzentrieren Sie sich auf das, was er sagt, und versuchen Sie, seinen Standpunkt zu verstehen. Vermeiden Sie Unterbrechungen und lassen Sie die Person ausreden.

- Informierte Antworten: Nehmen Sie sich ein paar Sekunden Zeit, um Ihre Gedanken zu sammeln, bevor Sie antworten. Dadurch können Sie impulsive Reaktionen vermeiden und bewusster reagieren.

7. Technik „5-4-3-2-1" zur Beruhigung

Diese Technik hilft, Stress abzubauen und die Aufmerksamkeit wieder auf den gegenwärtigen Moment zu lenken. Es besteht aus folgenden Phasen:

- 5 Objekte: Finden Sie fünf Objekte, die Sie um sich herum sehen können. Achten Sie auf ihre Farben, Textur und Form.

- 4 Töne: Hören Sie sich die vier Töne an, die Sie hören. Es können Naturgeräusche, Musik oder der Lärm der Stadt sein.

- 3 Berührungen: Erleben Sie drei Dinge, die Sie berühren können. Es kann ein Stuhl, Ihre Kleidung oder irgendetwas in der Nähe sein.

- 2 Düfte: Achten Sie auf die beiden Düfte, die Sie riechen. Vielleicht ist es der Duft von Kaffee oder frischer Luft.

- 1 Geschmack: Identifizieren Sie einen Geschmack, den Sie erleben. Dabei kann es sich um im Mund verbliebene Speisen oder Getränke handeln.

Diese Technik hilft Ihnen, sich auf den gegenwärtigen Moment zu konzentrieren und Ängste abzubauen.

8. Einführung von Bewusstsein in alltägliche Angelegenheiten

Achtsamkeitsübungen können zu einem einfachen Teil Ihrer täglichen Routine werden. Versuchen Sie, das Bewusstsein für gewöhnliche Dinge zu wecken:

- Achtsame Reinigung: Achten Sie beim Reinigen auf jede Bewegung, jedes Geräusch, jeden Geruch und jedes Gefühl. Es kann zu einem meditativen Prozess werden.

- Achtsames Geschirrspülen: Konzentrieren Sie sich auf jede Phase des Geschirrspülens. Spüren Sie, wie das Wasser Ihre Hände berührt, und genießen Sie den Vorgang.

9. Bewusstsein und Natur

Die Natur hat eine außergewöhnliche Kraft, den Geist zu beruhigen und Energie wiederherzustellen. Verbringen Sie Zeit im Freien und üben Sie Achtsamkeit.

- Spaziergänge in der Natur: Machen Sie einen Spaziergang in einem Park oder Wald. Achten Sie auf die Geräusche, Farben und Düfte der Umgebung. Nehmen Sie sich Zeit, die Natur zu erleben.

- Die Natur in den Alltag integrieren: Auch wenn Sie in der Stadt leben, versuchen Sie, Zeit für Spaziergänge in der Nähe von Gewässern, Parks oder Gärten zu finden. Nutzen Sie diese Momente zum Meditieren oder einfach zum Beobachten der Natur.

10. Persönliche Achtsamkeitsziele definieren

Eine Möglichkeit, Achtsamkeit in Ihr Leben zu integrieren, besteht darin, sich persönliche Ziele zu setzen. Überlegen Sie, welche Aspekte Ihres Lebens mehr Aufmerksamkeit erfordern.

- Ziele für die Woche: Schreiben Sie konkrete Ziele auf, die Sie erreichen möchten. Das kann tägliche Meditation, bewusstere Kommunikation oder einfach mehr Zeit für Spaziergänge an der frischen Luft sein.

- Zeiteinteilung: Nehmen Sie sich etwas Zeit, um Achtsamkeit zu üben. Dies kann morgens, in der Mittagspause oder vor dem

Schlafengehen passieren. Es ist wichtig, einen regelmäßigen Zeitplan zu haben.

11. Eine bewusste Umgebung schaffen

Ihre Umgebung kann einen großen Einfluss auf Ihre Achtsamkeitspraxis haben. Schaffen Sie einen Raum, der Ruhe und Konzentration fördert.

- Räumen Sie den Raum frei: Entfernen Sie unnötige Gegenstände, die Sie ablenken könnten. Lassen Sie nur das übrig, was Sie wirklich brauchen.

- Ruhige Atmosphäre: Sorgen Sie mit Kerzen, Aromatherapie oder Musik für eine angenehme Atmosphäre. Dies wird Ihnen helfen, sich auf Achtsamkeit einzustimmen.

12. Gruppenübung der Achtsamkeit

Achtsamkeitsübungen können in einer Gruppenumgebung noch effektiver sein. Nehmen Sie an Kursen oder Gruppen teil, die gemeinsam Achtsamkeit praktizieren.

- Meditationskurse: Melden Sie sich für Gruppenmeditations- oder Achtsamkeitskurse an. Dies kann eine großartige Möglichkeit sein, Unterstützung und Inspiration zu erhalten.

- Erfahrungen teilen: Kommunizieren Sie mit anderen über Ihre Achtsamkeitspraxis. Dies wird Ihnen helfen, neue Strategien zu erlernen und motiviert zu bleiben.

Wenn Sie Achtsamkeitsübungen in Ihren Alltag integrieren, steigern Sie nicht nur Ihr geistiges Gleichgewicht, sondern verbessern auch Ihr allgemeines Wohlbefinden. Schon kleine Veränderungen können große Auswirkungen haben. Fangen Sie klein an und mit der Zeit können Sie eine Praxis aufbauen, die zu einem integralen Bestandteil Ihres Lebens wird.

Denken Sie daran, dass Achtsamkeit ein Prozess und kein Ziel ist. Lassen Sie dies zu einer Reise werden, die Ihnen hilft, in Ihrem Leben präsenter zu werden, sich auf das Wesentliche zu konzentrieren und inneren Frieden zu finden.

Kapitel 5:

Langsames Leben ist der Weg zur Harmonie

Was ist die „Slow Life"-Bewegung?

Die moderne Welt bewegt sich schnell und versetzt uns in einen Zustand ständigen Stresses und Ungewissheit. Das tägliche Streben nach Erfolg, beruflichem Aufstieg, finanziellem Gewinn und sozialem Status lässt uns die Bedeutung des Augenblicks vergessen, in dem wir leben. In diesem Zusammenhang erscheint die „Slow Life"-Bewegung als Gegenstück zum schnellen Lebensstil und bietet uns die Möglichkeit, Harmonie, Achtsamkeit und inneren Frieden zu finden.

Was ist „Slow Life"? Diese Bewegung ruft uns dazu auf, innezuhalten, uns Zeit zum Nachdenken und zur Erholung zu geben und uns auf die wahren Werte und Beziehungen zu konzentrieren, die uns umgeben. Untersuchungen zeigen, dass das Loslassen der Hektik und das Entschleunigen unseres Lebens den Stresspegel erheblich reduzieren und unser allgemeines Wohlbefinden verbessern können.

In seinem Buch Atomic Habits betont James Clear, dass kleine Veränderungen zu großen Ergebnissen führen können. Das Gleiche gilt für das Slow Living: Man muss keine radikalen Veränderungen vornehmen, um die Vorteile zu spüren. Indem Sie sich auf einfache, aber wirksame Strategien konzentrieren, können Sie den Weg zu einem achtsameren und ausgeglicheneren Leben finden.

Stress reduzieren durch Achtsamkeit

Wenn man in ständiger Bewegung lebt, fällt es schwer, die kleinen Dinge zu bemerken, die Freude bereiten. Langsames Leben ermöglicht es Ihnen, sich auf den gegenwärtigen Moment zu konzentrieren. Untersuchungen zeigen, dass Achtsamkeit hilft, Stress und Ängste zu reduzieren. Wissenschaftler haben herausgefunden, dass Achtsamkeitspraktiken wie Meditation, Atemübungen und das bloße Beobachten der Welt um uns herum einen positiven Einfluss auf unsere geistige Gesundheit haben können. Wenn Sie lernen, im Moment präsent zu sein, werden Sie weniger empfindlich gegenüber Stressfaktoren und offener für die Freude an alltäglichen Aktivitäten.

Eine einfache Möglichkeit, Achtsamkeit in Ihr Leben zu bringen, ist die tägliche Meditationspraxis. Sie müssen nicht stundenlang schweigen; Schon wenige Minuten am Tag können Ihre Stimmung und Lebenseinstellung deutlich verändern. Untersuchungen zeigen, dass regelmäßige Meditation die Aktivität in dem Teil des Gehirns reduzieren kann, der für Stress und Angst verantwortlich ist.

Verlangsamungsstrategie

Eines der Grundprinzipien des Slow Living ist die Strategie der Entschleunigung. Es bedeutet, eine bewusste Entscheidung zu treffen, den Lebensrhythmus zu verlangsamen, um die Momente zu genießen, die wir normalerweise verpassen. Wenn Sie es beispielsweise gewohnt sind, unterwegs zu essen, versuchen Sie, sich Zeit zum Essen zu nehmen, ohne sich zu beeilen. Dies verbessert nicht nur Ihre Verdauung, sondern ermöglicht Ihnen auch, den Geschmack des Essens und die Kommunikation mit Ihren Lieben zu genießen.

Eine andere Strategie besteht darin, „langsames Lesen" zu versuchen. Wählen Sie ein Buch aus, das Sie interessiert, und anstatt zu versuchen, so viele Seiten wie möglich zu lesen, konzentrieren Sie sich darauf, jedes Kapitel zu verstehen. Achten Sie beim Lesen auf Ihre Gedanken und Gefühle, die dabei entstehen. Dadurch erlangen Sie nicht nur mehr Wissen, sondern können auch tiefer in die Inhalte einsteigen.

Die Bedeutung des Zeitplans

Einer der Gründe, warum wir in ständigem Stress leben, ist unser voller Terminkalender. Der Verzicht auf übermäßigen Sport kann ein Schritt in Richtung eines langsameren Lebens sein. Erwägen Sie, Ihre Verantwortlichkeiten zu überprüfen und herauszufinden, welche wirklich wichtig sind. Fragen Sie sich: Ist es wirklich notwendig? Macht es mir Freude? Dies wird Ihnen helfen, einen großzügigeren Zeitplan zu erstellen, der Raum für Entspannung und Vergnügen lässt.

Eine Möglichkeit besteht darin, die „Einzelaufgabenmethode" auszuprobieren. Konzentrieren Sie sich jeweils auf eine Aufgabe, anstatt zu versuchen, mehrere Dinge gleichzeitig zu erledigen. Dadurch reduzieren Sie nicht nur Ihren Stress, sondern steigern auch Ihre Produktivität. Untersuchungen zeigen, dass Multitasking tatsächlich die Effizienz verringert, daher ist es besser, jeder Aufgabe einzeln Zeit zu widmen.

Kommunikation ohne Eile

Wenn wir in Eile sind, vergessen wir oft, wie wichtig eine qualitativ hochwertige Kommunikation ist. Die Slow Living-Bewegung ermutigt uns, uns auf echte Beziehungen zu konzentrieren. Versuchen Sie, mehr Zeit mit Ihren Lieben zu verbringen und offene und aufrichtige Gespräche zu führen. Fragen Sie nach ihren Erfahrungen, Gedanken und Träumen. Dadurch können Sie Ihre Beziehung vertiefen und emotionale Unterstützung spüren.

Eine andere Strategie ist „achtsames Zuhören". Wenn jemand spricht, versuchen Sie nicht nur zuzuhören, sondern wirklich zuzuhören. Achten Sie auf Körpersprache, Intonation und Emotionen. Dies wird nicht nur Ihr Verständnis verbessern, sondern auch dazu beitragen, dass sich die andere Person wichtig fühlt.

Urlaubsplanung

Vergessen Sie nicht, wie wichtig Ruhe ist. Langsames Leben bedeutet nicht nur, die Aktivität zu reduzieren, sondern auch die Zeit zur Erholung bewusst zu wählen. Entspannung kann alles sein, von Outdoor-Aktivitäten bis hin zu Aktivitäten, die Ihnen Freude bereiten, wie Hobbys oder Kreativität.

Untersuchungen zeigen, dass regelmäßige Ruhe die Produktivität steigert und den Stress reduziert. Versuchen Sie, ein „Wochenende" für sich einzuplanen, auch wenn es nur ein paar Stunden pro Woche sind. Nutzen Sie diese Zeit für Aktivitäten, die Ihnen helfen, sich zu entspannen und zu regenerieren.

Körperliche Aktivität als Entschleunigung

Körperliche Aktivität kann ein wichtiger Bestandteil eines langsamen Lebens werden. Versuchen Sie, mehr Zeit in der Natur zu verbringen, anstatt für ein intensives Training ins Fitnessstudio zu eilen. Spazierengehen, Yoga, Schwimmen oder einfach nur Tanzen können nicht nur eine Form der körperlichen Aktivität sein, sondern auch eine Möglichkeit, sich auf den Moment zu konzentrieren.

Untersuchungen zeigen, dass Bewegung im Freien zusätzliche Vorteile hat: Es senkt Cortisol, das „Stresshormon", und verbessert die Stimmung. Versuchen Sie, mehr Zeit in der Natur zu verbringen und die Schönheit der umliegenden Welt zu genießen.

Sensorische Studien

Eine der interessanten Praktiken des langsamen Lebens ist die „sensorische Erforschung". Dabei kann es sich um das Studium von Geschmäckern, Gerüchen, Farben und Texturen handeln. Versuchen Sie beispielsweise bei der Zubereitung von Speisen, sich auf jede Zutat, ihre Farbe, Textur und ihr Aroma zu konzentrieren. Es kann zu einer echten Kunst werden, die es Ihnen ermöglicht, den Moment zu genießen.

Untersuchungen zeigen, dass die Einbeziehung aller fünf Sinne in Ihrem täglichen Leben Ihre Zufriedenheit deutlich steigern und Stress reduzieren kann. Einfache Dinge wie die Beobachtung der Natur oder das Hören von Musik können zu wichtigen Momenten der Achtsamkeit in Ihrem Leben werden.

Gewohnheiten für ein langsames Leben schaffen

Gewohnheiten sind der Schlüssel, um ein langsames Leben in Ihren Alltag zu integrieren. Versuchen Sie, einfache Gewohnheiten zu entwickeln, die Ihren neuen Lebensstil unterstützen. Das können tägliche Meditationen, achtsame Spaziergänge oder sogar das Führen eines Dankbarkeitstagebuchs sein.

Untersuchungen zeigen, dass das Führen eines Dankbarkeitstagebuchs die Stimmung verbessern und Stress reduzieren kann. Identifizieren Sie jeden Tag ein paar Dinge, für die Sie dankbar sind, und schreiben Sie sie auf. Dies wird Ihnen helfen, sich auf das Positive in Ihrem Leben zu konzentrieren, auch wenn Sie mit Schwierigkeiten konfrontiert sind.

Die „Slow Life"-Bewegung bietet uns die Möglichkeit, innezuhalten und darüber nachzudenken, was wirklich wichtig ist. Sich nicht zu beeilen und sich auf den gegenwärtigen Moment zu konzentrieren, trägt dazu bei, Stress abzubauen, unsere geistige Gesundheit zu verbessern und tiefere Beziehungen zu unseren Mitmenschen aufzubauen. Mit einfachen Strategien wie Achtsamkeit, Entschleunigung und Umplanung können wir den Weg zur Harmonie in unserem Alltag finden.

Denken Sie daran, dass jeder kleine Schritt in Richtung eines langsamen Lebens einen großen Unterschied machen kann. Versuchen Sie also, jeden Moment zu genießen, konzentrieren Sie sich auf Ihr Wohlbefinden und erlauben Sie sich, voll und ganz bewusst zu leben.

Entschleunigung in allen Lebensbereichen

In einer Welt, in der sich ständig etwas bewegt, kann die Fähigkeit, langsamer zu werden, Ihre Superkraft sein. Im Alltag verspüren viele Menschen das Bedürfnis, ständig in Bewegung zu sein und viele Aufgaben gleichzeitig zu erledigen. Allerdings führt dies häufig zu Überlastung, Stress und Erschöpfung. Die Umstellung auf ein langsameres Lebenstempo kann Ihnen helfen, Harmonie zu finden, Stress abzubauen und tiefere Verbindungen zu den Menschen um Sie herum aufzubauen.

Entschleunigung in allen Lebensbereichen ist nicht nur ein Schlagwort; Es ist eine bewusste Anstrengung, achtsam zu leben und sich auf den Moment statt auf das Ziel zu konzentrieren. Wenn Sie langsamer werden, werden Sie feststellen, dass Sie das Leben in all seinen Formen genießen können, von der Arbeit über Beziehungen bis hin zur Freizeit.

Entschleunigung bei der Arbeit

Arbeit ist oft einer der stressigsten Teile unseres Lebens. Der ständige Druck, Aufgaben schneller, effizienter und zu geringeren Kosten zu erledigen, kann zu emotionalem Burnout führen. Eine Möglichkeit, bei der Arbeit langsamer zu werden, ist das Üben von Achtsamkeit. Dies kann recht einfach sein, erfordert jedoch, dass Sie sich auf die aktuelle Aufgabe konzentrieren.

Legen Sie über den Tag verteilt bestimmte Zeitblöcke fest, um sich auf nur eine Sache zu konzentrieren. Vermeiden Sie Multitasking – Studien zeigen, dass es Ihre Produktivität tatsächlich verringert. Anstatt zu versuchen, mehrere Projekte gleichzeitig in Angriff zu nehmen, versuchen Sie, eine Aufgabe abzuschließen, bevor Sie mit der nächsten fortfahren. Dadurch steigern Sie nicht nur Ihre Produktivität, sondern reduzieren auch Ihren Stresspegel, da Sie sich weniger Gedanken über Multitasking machen müssen.

Versuchen Sie außerdem, regelmäßig Pausen einzulegen. Wissenschaftliche Studien bestätigen, dass kurze Pausen während der Arbeit die Produktivität deutlich steigern und das allgemeine Wohlbefinden verbessern können. Gehen Sie von Ihrem Arbeitsplatz weg, atmen Sie ein paar Mal tief durch oder machen Sie einfach einen Spaziergang, um den Kopf frei zu bekommen. Es ist wichtig, sich die Möglichkeit zu gönnen, sich auszuruhen, um wieder zu Kräften zu kommen und mit neuen Ideen und Energie an die Arbeit zurückzukehren.

Auch ein Wechsel Ihrer Arbeitsumgebung kann hilfreich sein. Schaffen Sie einen Raum, der Frieden und Kreativität fördert. Dekorieren Sie es mit Pflanzen, nutzen Sie Klangtherapie oder Aromatherapie, um es gemütlicher zu machen. Untersuchungen zeigen, dass eine angenehme Umgebung die Produktivität und Arbeitszufriedenheit deutlich steigern kann.

Verlangsamung in Beziehungen

Beziehungen sind ein weiterer wichtiger Aspekt des Lebens, bei dem Entschleunigung zu tieferer Verbindung und tieferem Verständnis führen kann. In der heutigen Welt, in der Technologie einen großen Teil unserer Zeit einnimmt, ist es oft schwierig, für andere präsent zu sein. Es ist wichtig, sich Zeit für die Kommunikation zu nehmen, die über oberflächliche Gespräche hinausgeht.

Konzentrieren Sie sich auf eine qualitativ hochwertige Kommunikation mit Ihren Lieben. Planen Sie regelmäßige Meetings ohne Ablenkungen. Besprechen Sie während dieser Treffen frei wichtige Themen und teilen Sie

Ihre Gedanken und Gefühle. Dies wird nicht nur Ihre Beziehung stärken, sondern auch eine Atmosphäre des Vertrauens und der Unterstützung schaffen.

Untersuchungen zeigen, dass tiefe Kommunikation unsere geistige Gesundheit erheblich verbessern kann. Indem Sie einander Raum geben, sich zu öffnen, schaffen Sie Möglichkeiten für Verständnis und Akzeptanz.

Es ist auch wichtig zu lernen, zuzuhören. Achten Sie im Moment der Kommunikation nicht nur auf Worte, sondern auch auf nonverbale Signale. Beobachten Sie Mimik, Gestik und Tonfall. Dies wird Ihnen helfen zu verstehen, was die Person wirklich fühlt, und zu einer tieferen Interaktion führen.

Entschleunigung in der Freizeit

Freizeit ist nicht nur eine Gelegenheit zum Ausruhen, sondern auch, um etwas zu tun, das Freude bereitet. Sorgen Sie dafür, dass Ihre Freizeit nicht zu einem weiteren Zweig des Strebens nach Erfolgen wird. Anstatt ständig zu versuchen, alle Pläne und Aufgaben zu erfüllen, gönnen Sie sich, die Momente zu genießen.

Wählen Sie Aktivitäten, die Ihnen helfen, sich zu entspannen und zu regenerieren. Das können Spaziergänge in der Natur, Bücherlesen, Sport oder Kreativität sein. Es ist wichtig, das zu tun, was Ihnen Freude bereitet, und nicht das, was notwendig oder modisch ist.

Untersuchungen zeigen, dass die Teilnahme an Aktivitäten das allgemeine Wohlbefinden verbessert und Symptome von Angstzuständen und Depressionen reduzieren kann. Wenn Sie das tun, was Sie wirklich lieben, stärken Sie nicht nur Ihre Kraft, sondern steigern auch Ihre Lebensqualität.

Planung und Struktur

Entschleunigung bedeutet nicht, die Planung aufzugeben; im Gegenteil, es geht um einen bewussten Umgang mit Zeitmanagement. Bestimmen Sie, welche Dinge für Sie wichtig sind und konzentrieren Sie sich darauf. Dies kann hilfreich sein, um Stress abzubauen und die Leistung zu verbessern.

Schreiben Sie Ihre Ziele und Prioritäten auf. Dadurch können Sie Ihre Bemühungen besser organisieren und sich auf das Wesentliche konzentrieren. Planen Sie Zeit für Ruhe und Freizeit in Ihren Zeitplan ein, um einem Burnout vorzubeugen. Es ist wichtig, ein Gleichgewicht zwischen Arbeit und Ruhe zu finden.

Durch die Schaffung von Struktur in Ihrem täglichen Leben können Sie Ihre Aufgaben vereinfachen und vermeiden, dass Sie sich überfordert fühlen. Planen Sie Ihre Aktionen im Voraus und nehmen Sie sich Zeit für wichtige Dinge und angenehme Momente. So können Sie das Leben genießen, ohne sich unter Druck gesetzt zu fühlen.

Reflexion und Bewertung

Regelmäßige Reflexion kann Ihnen helfen zu verstehen, was Ihnen wirklich wichtig ist. Nehmen Sie sich Zeit, Ihre Erfolge, Gedanken und Gefühle zu bewerten. Dadurch können Sie Ihre Prioritäten besser verstehen und Ihr Handeln daran anpassen.

Erstellen Sie ein Tagebuch, in dem Sie Ihre Gedanken, Gefühle und Veränderungen im Leben festhalten. Untersuchungen zeigen, dass Journaling sich positiv auf die psychische Gesundheit auswirken kann. Dies gibt Ihnen die Möglichkeit zu überlegen, was funktioniert und was nicht, und Maßnahmen zur Verbesserung zu ergreifen.

Durch die Reflexion können Sie auch die Fortschritte sehen, die Sie gemacht haben, und beurteilen, wie sich die Veränderungen auf Ihr Leben ausgewirkt haben. Dies kann ein starker Motivator sein, den Weg zu einem langsameren Leben fortzusetzen.

Entschleunigung in allen Lebensbereichen ist nicht nur eine Möglichkeit, Stress abzubauen, sondern auch ein Weg zu mehr Zufriedenheit und Harmonie. Entschleunigung bei der Arbeit, in Beziehungen und in der Freizeit ermöglicht es Ihnen, sich auf das Wesentliche zu konzentrieren, Ihre Lebensqualität zu verbessern und tiefere Verbindungen zu den Menschen um Sie herum aufzubauen.

Denken Sie daran, dass Sie das Recht haben, langsamer zu leben und jeden Moment zu genießen. Manchmal ist es das Beste, innezuhalten, tief durchzuatmen und alles um sich herum in sich aufzunehmen. Lebe bewusst, beobachte die Veränderungen und erlaube dir, an jedem Tag deines Lebens glücklich zu sein.

Wie Sie Zeit für sich selbst und die Erholung einplanen

In der heutigen schnelllebigen Welt wird die Bedeutung von Ruhe und neuer Energie oft unterschätzt. Wir leben in einer Gesellschaft, in der Produktivität, Leistung und ständige Weiterentwicklung zu Grundwerten geworden sind. Auf der Suche nach Erfolg vergessen viele Menschen jedoch, wie wichtig es ist, Zeit für sich selbst einzuplanen. Die Wiederherstellung neuer Energie ist kein Luxus, sondern eine Notwendigkeit für die Erhaltung der geistigen und körperlichen Gesundheit.

Zeit für Ruhe einzuplanen bedeutet, bewusst mit dem Leben umzugehen. Anstatt Ihr Wohlbefinden zu vernachlässigen, entwickeln Sie Strategien, die Ihnen nicht nur helfen, sich zu erholen, sondern auch den Prozess des Lebens zu genießen. Wenn Sie Ruhe gekonnt in Ihren Zeitplan integrieren, verbessern Sie nicht nur Ihr Wohlbefinden, sondern steigern auch die Produktivität in allen Lebensbereichen.

Priorisierung: Warum es wichtig ist, Zeit für sich selbst einzuplanen

Bevor Sie mit der Planung Ihrer Erholungszeit beginnen, ist es wichtig zu verstehen, warum dies notwendig ist. Untersuchungen zeigen, dass regelmäßige Ruhezeiten die Produktivität steigern, die Konzentration verbessern und das Burnout-Risiko verringern. Damit Ruhe jedoch zu einem Teil Ihres Lebens wird, ist es notwendig, ihre Priorität klar zu definieren.

Formulieren Sie eine Frage für sich: Warum brauche ich Ruhe? Welche Bereiche meines Lebens benötigen die meiste Energie? Wenn Sie sich Ihrer Bedürfnisse bewusst sind, können Sie einen Plan erstellen, der Ihnen hilft, in den entscheidenden Momenten wieder zu Kräften zu kommen.

Erstellen Sie eine Liste Ihrer täglichen Aufgaben, aber berücksichtigen Sie auch die Dinge, die Ihnen Freude und Zufriedenheit bereiten. Das kann das Lesen eines Buches, ein Spaziergang an der frischen Luft oder die Ausübung eines Hobbys sein. Wenn Sie diese Aktivitäten in Ihren Zeitplan aufnehmen, können Sie ein Gleichgewicht zwischen Verantwortung und Ruhe herstellen.

Regelmäßige Entspannungsrituale schaffen

Eine der effektivsten Möglichkeiten, Entspannung in Ihr Leben zu integrieren, besteht darin, regelmäßige Rituale zu schaffen. Das können kurze Arbeitspausen, Abendrituale oder sogar eine Woche Urlaub sein. Rituale geben Ihrer Entspannung Struktur und tragen dazu bei, dass sie zu einem festen Bestandteil Ihres Lebens wird.

Sie können den Tag beispielsweise mit einer kurzen Meditation oder Übung beginnen. Dies wird Ihnen helfen, sich in eine positive Stimmung zu versetzen und sich auf den Arbeitstag vorzubereiten. Studien zeigen, dass Meditation nicht nur Stress reduziert, sondern auch Produktivität und Kreativität steigert.

Es ist auch wichtig, sich Zeit für Aktivitäten zu nehmen, die einem wirklich Spaß machen. Planen Sie bestimmte Zeiten für die Aktivitäten ein, die Sie lieben, und machen Sie sie zu einer Priorität. Das kann Sport treiben, ein neues Hobby erlernen oder Freunde treffen. Ihr Ziel ist es, ein Ritual zu schaffen, das Ihnen Freude bereitet und Ihnen hilft, Ihre Energie wiederherzustellen.

Achtsamkeit beim Ausruhen üben

Wenn Sie einen Urlaub planen, vergessen Sie nicht, Achtsamkeit zu üben. Es bedeutet, im Moment präsent zu sein und jeden Moment zu genießen. Ruhe muss nicht mechanisch sein; Es sollte eine Zeit sein, in der Sie sich auf Ihre Gefühle und Emotionen konzentrieren.

Versuchen Sie, Ihr Telefon wegzulegen und die Verbindung zu elektronischen Geräten zu trennen, während Sie sich entspannen. Dies wird Ihnen helfen, sich auf das zu konzentrieren, was Sie tun, sei es das Lesen eines Buches, ein Spaziergang oder einfach nur ein Gespräch mit einem geliebten Menschen. Untersuchungen zeigen, dass digitale Überlastung unser emotionales Wohlbefinden beeinträchtigen kann. Wenn Sie bewusst mit Ihrer Umgebung interagieren, werden Sie mehr Freude und Zufriedenheit erfahren.

Die Bedeutung körperlicher Ruhe

Ebenso wichtig ist körperliche Ruhe. Gerade nach stressigen Tagen braucht der Körper Zeit zur Erholung. Dies kann Schlaf, Entspannung, Massage oder Yoga umfassen. Untersuchungen zeigen, dass guter Schlaf einen direkten Einfluss auf unsere geistige und körperliche Gesundheit hat.

Schaffen Sie eine angenehme Schlafumgebung: Verdunkeln Sie den Raum, reduzieren Sie Lärm und schaffen Sie eine gemütliche Atmosphäre. Es wird außerdem empfohlen, einen regelmäßigen Schlafrhythmus einzuführen, damit sich der Körper optimal erholen kann. Regelmäßiger Schlaf verbessert die Konzentration, die Stimmung und das allgemeine Wohlbefinden.

Denken Sie auch darüber nach, körperliche Aktivität in Ihre Entspannungsrituale zu integrieren. Das kann ein Spaziergang in der Natur sein, Sport treiben oder einfach nur Dehnübungen. Körperliche Übungen tragen dazu bei, Stress abzubauen, die Stimmung zu verbessern und die allgemeine Gesundheit zu stärken.

Die Bedeutung emotionaler Ruhe

Emotionale Ruhe ist ebenfalls ein entscheidender Aspekt der Genesung. Das bedeutet, dass Sie sich selbst die Möglichkeit geben, Ihre Emotionen zu spüren und zu lernen, mit ihnen umzugehen. Anstatt Emotionen zu vermeiden oder zu unterdrücken, geben Sie sich das Recht, sie vollständig zu spüren.

Beteiligen Sie sich an der Selbstbeobachtung. Führen Sie ein Tagebuch, in dem Sie Ihre Gedanken und Gefühle niederschreiben. Dadurch können Sie sich selbst besser verstehen, Ihre Erfahrungen erkennen und Wege finden, sie zu verarbeiten. Es lohnt sich auch, Dankbarkeit zu üben. Untersuchungen zeigen, dass Dankbarkeit sich positiv auf unsere geistige Gesundheit auswirkt, Stress reduziert und unsere allgemeine Stimmung verbessert.

Eine andere Möglichkeit, emotionale Ruhe zu erreichen, ist die Kommunikation mit Ihren Lieben. Nehmen Sie sich Zeit, Ihre Erfahrungen, Gedanken und Gefühle mit Freunden oder der Familie zu besprechen. Es kann ein wirksames Instrument sein, um emotionale Belastungen abzubauen und Unterstützung zu gewinnen.

Langfristige Sanierungsplanung

Neben kurzen Pausen und Ritualen ist es auch wichtig, eine langfristige Erholung einzuplanen. Es kann Urlaub sein oder einfach nur Tage für sich selbst. Indem Sie sich Zeit für eine längere Erholung nehmen, geben Sie sich die Möglichkeit, völlig vom Alltagsstress abzuschalten und neue Erfahrungen zu sammeln.

Bestimmen Sie, welche Daten für Sie am besten geeignet sind, und planen Sie Ihren Urlaub im Voraus. Dies hilft Ihnen nicht nur, Stress abzubauen, sondern gibt Ihnen auch ein Ziel, auf das Sie hinarbeiten können. Untersuchungen zeigen, dass Menschen, die Urlaub planen, glücklicher und zufriedener mit dem Leben sind.

Versuchen Sie während eines langen Urlaubs, die Umgebung zu verändern. Es kann sein, an neue Orte zu reisen, neue Kulturen zu entdecken oder einfach nur Zeit in der Natur zu verbringen. Dadurch können Sie wieder zu Kräften kommen, Ihre Stimmung verbessern und aus der Routine ausbrechen.

Hören Sie auf Ihren Körper und Geist

Schließlich ist es wichtig, auf Ihren Körper und Geist zu hören. Wenn Sie sich müde fühlen, ignorieren Sie diese Signale nicht. Gönnen Sie sich bei Bedarf Zeit zum Ausruhen. Untersuchungen zeigen, dass das Ignorieren der Bedürfnisse Ihres Körpers zu ernsthaften Gesundheitsproblemen wie Burnout und Angststörungen führen kann.

Hören Sie auf Ihre Gefühle. Wenn Sie sich gestresst fühlen, nehmen Sie sich Zeit, sich zu beruhigen. Nutzen Sie Achtsamkeitsübungen, Meditation oder einfach einen Spaziergang im Freien, um Ihre Stimmung zu verbessern.

Ihre Fähigkeit zur Genesung hängt von Ihrer Bereitschaft ab, Ihre Bedürfnisse zu erkennen und die Bedingungen zu schaffen, um sie zu erfüllen. Planen Sie Zeit für sich selbst und Ihre restaurative Praxis ein. Dies ist nicht nur ein Grund aufzuhören – es ist eine Gelegenheit, wieder Energie, Inspiration und Harmonie im Alltag zu finden.

Sich auszuruhen und neue Energie zu tanken ist ein wesentlicher Bestandteil eines gesunden Lebens. Wenn Sie lernen, Zeit für sich selbst einzuplanen, reduzieren Sie nicht nur Stress, sondern eröffnen sich auch neue Möglichkeiten für Wachstum und Entwicklung. Ihr Ziel ist es, langsam, bewusst und harmonisch zu leben und jeden Moment zu genießen.

Kapitel 6:

Zeit- und Informationsflussmanagement

So erstellen Sie ein Filtersystem für persönliche Informationen

In einer Welt, in der ständig Informationen in unser Leben fließen, ist es wichtig zu lernen, wie man mit diesen Flüssen umgeht. Von sozialen Medien bis hin zu Nachrichten, von E-Mails bis hin zu Artikeln: Informationslärm kann leicht von den tatsächlichen Zielen und Bedürfnissen ablenken. Wie lernt man, bewusst nützliche Informationen auszuwählen? Die Antwort liegt in der Schaffung eines Filtersystems für persönliche Informationen.

Die Schaffung eines solchen Systems kann Stress erheblich reduzieren, die Produktivität steigern und Ihnen helfen, sich auf das Wesentliche zu konzentrieren.

Bewertung von Informationsquellen: Bestimmung der Zuverlässigkeit und Signifikanz

Bevor Sie mit dem Filtern von Informationen beginnen, ist es wichtig, die Zuverlässigkeit der Quellen zu beurteilen, aus denen Sie Informationen beziehen. Nicht alles, was wir lesen oder hören, ist wahr. Daher ist der erste Schritt die Entwicklung eines kritischen Umgangs mit Informationsquellen.

Stellen Sie sich ein paar Fragen:

- Wer ist der Autor? Wie ist sein Ruf?

- Ist die Informationsquelle überprüft und zuverlässig?

- Enthalten die Informationen konkrete, überprüfbare Fakten?

Anhand dieser Fragen können Sie besser einschätzen, ob es sich lohnt, Zeit in die Verarbeitung dieser Informationen zu investieren. Untersuchungen zeigen, dass kritisches Denken eine wichtige Fähigkeit ist, die es Ihnen ermöglicht, das Risiko von Fehlinformationen zu verringern und Ihnen hilft, objektive Schlussfolgerungen zu ziehen.

Erstellung einer Liste verifizierter Informationsquellen

Eine der effektivsten Strategien besteht darin, eine Liste zuverlässiger Informationsquellen zu erstellen. Dies können bestimmte Websites, Blogs, Bücher oder Podcasts sein, die Sie nützlich finden. Anstatt wahllos im Internet herumzuwandern, wissen Sie, wo Sie hochwertige Informationen finden können.

Nehmen Sie in Ihre Liste die Quellen auf, die Ihren Interessen und Zielen entsprechen. Wenn Sie beispielsweise Ihre Fähigkeiten in einem bestimmten Bereich verbessern möchten, suchen Sie nach Experten, die wertvolles Wissen weitergeben. Dieser Ansatz hilft Ihnen, Ihre Suche einzugrenzen und sich auf das Wesentliche zu konzentrieren.

Überprüfen Sie Ihre Liste regelmäßig und entfernen Sie Quellen, die Ihren Anforderungen nicht mehr entsprechen oder unzuverlässig geworden sind. Dies wird Ihnen helfen, die Relevanz und Qualität der von Ihnen konsumierten Informationen aufrechtzuerhalten.

Begrenzung des Informationsverbrauchs: Bestimmung der Zeit bis zum Erhalt von Informationen

Der nächste Schritt beim Aufbau eines persönlichen Filtersystems besteht darin, die Zeit zu begrenzen, die Sie mit der Informationsaufnahme verbringen. Denken Sie daran, dass nicht alle Nachrichten wichtig sind und nicht alle Informationsströme Ihre Aufmerksamkeit wert sind.

Legen Sie eine bestimmte Zeit fest, um Nachrichten anzusehen, Artikel zu lesen oder soziale Medien zu besuchen. Sie können sich beispielsweise täglich 30 Minuten Zeit nehmen, um wichtige Nachrichten oder einen Blog zu lesen, und die Zeit, die Sie in sozialen Medien verbringen, begrenzen. Diese Strategie hilft Ihnen, eine Informationsüberflutung zu vermeiden und Energie für wichtigere Aufgaben zu sparen.

Untersuchungen zeigen, dass die Begrenzung der Zeit, die Sie mit Informationen verbringen, Ängste verringert und das allgemeine

Wohlbefinden verbessert. Dadurch können Sie sich auf die wirklichen Prioritäten konzentrieren und das Risiko einer Ablenkung verringern.

Anwendung von Methoden des bewussten Informationskonsums

Unter bewusstem Konsum von Informationen versteht man einen aktiven und bewussten Umgang mit dem, was man liest, sieht oder hört. Dabei geht es darum, Informationen nicht als Hintergrund zu betrachten, sondern als etwas, das Ihre Aufmerksamkeit und kritische Analyse erfordert.

Stellen Sie sich beim Konsumieren von Informationen die folgenden Fragen:

- In welcher Beziehung stehen diese Informationen zu meinen Zielen?

- Welche Maßnahmen kann ich auf Basis der gewonnenen Erkenntnisse ergreifen?

- Wie wird sich das auf meine Prioritäten auswirken?

Dieser Ansatz ermöglicht es Ihnen, ein aktiver Teilnehmer am Prozess der Informationsbeschaffung und nicht ein passiver Verbraucher zu sein. Wenn Sie sich diese Fragen stellen, sind Sie besser über Ihre Informationsauswahl informiert, was Ihnen wiederum hilft, Zeit und Energie zu sparen.

Einsatz von Technologien für das Informationsmanagement

Moderne Technologien können zu einem leistungsstarken Werkzeug für die Verwaltung von Informationsflüssen werden. Verwenden Sie Programme und Anwendungen, mit denen Sie Informationen effektiv organisieren können. Sie können beispielsweise Apps verwenden, um Artikel zu speichern, die Sie interessieren (wie Pocket oder Instapaper) oder Leselisten zu erstellen.

Sie können auch RSS-Aggregatoren verwenden, um Nachrichten aus den von Ihnen ausgewählten Quellen an einem Ort zu erhalten. Dies wird dazu beitragen, den Zeitaufwand für das Durchsuchen verschiedener Websites zu reduzieren und sich auf die Informationen zu konzentrieren, die für Sie wichtig sind.

Untersuchungen zeigen, dass der Einsatz von Technologie zur Organisation von Informationen Ihre Produktivität steigern und Ihnen helfen kann, sich nicht überfordert zu fühlen. Bedenken Sie jedoch, dass die Technologie Sie nicht von Ihrer Hauptaufgabe ablenken sollte — der bewussten Auswahl nützlicher Informationen.

Regelmäßige Reflexion und Korrektur des Filtersystems

Die Erstellung eines Informationsfiltersystems ist kein einmaliger Prozess. Es handelt sich um eine fortlaufende Praxis, die regelmäßige Reflexion und Korrektur erfordert. Analysieren Sie innerhalb von ein bis zwei Monaten Ihr System: Erfüllt es Ihre Anforderungen? Ermöglicht es Ihnen, sich auf das Wesentliche zu konzentrieren?

Fragen Sie sich: Verschwenden Sie Ihre Zeit mit nützlichen Informationen? Haben Sie das Gefühl, dass Sie mehr aus Ihrem Informationskonsum herausholen? Wenn die Antwort auf eine dieser Fragen „Nein" lautet, sollten Sie über eine Reparatur Ihres Systems nachdenken. Es kann sich lohnen, neue Quellen hinzuzufügen oder die Zeit, die Sie mit der Informationsaufnahme verbringen, zu überdenken.

Untersuchungen zeigen, dass regelmäßiges Nachdenken dabei hilft, das Selbstbewusstsein zu entwickeln und Ihnen hilft zu verstehen, welche Veränderungen hilfreich sein könnten, um Ihre Ziele zu erreichen.

Bildung nützlicher Gewohnheiten des Informationskonsums

Eine der effektivsten Strategien zur Steuerung des Informationsflusses ist die Bildung nützlicher Gewohnheiten. Dazu kann das Lesen von Büchern gehören, anstatt Nachrichten anzusehen, das aktive Hören von Podcasts oder die Teilnahme an thematischen Foren.

Behalten Sie im Auge, welche Gewohnheiten Ihnen helfen, konzentriert und produktiv zu bleiben. Bestimmen Sie, welche Methoden des Informationskonsums Ihnen am meisten nützen. Mit der Zeit werden Sie in der Lage sein, Ihr Filtersystem an Ihre Bedürfnisse anzupassen.

Untersuchungen zeigen, dass die Entwicklung neuer Gewohnheiten zwischen 21 und 66 Tagen dauern kann. Daher ist es wichtig, geduldig zu sein und Ihre Ansätze zum Informationskonsum ständig zu verbessern.

Die Bedeutung eines ausgewogenen Ansatzes

Letztlich geht es bei der Verwaltung von Zeit- und Informationsflüssen um Ausgewogenheit. Unser Ziel ist es, die optimale Balance zwischen Informationskonsum und Freizeit zu finden. Zu viele Informationen können zu Stress und Überlastung führen, und zu wenig Informationen können dazu führen, dass man bei wichtigen Themen ins Hintertreffen gerät.

Ein ausgewogener Ansatz ermöglicht nicht nur die Aufrechterhaltung der Produktivität, sondern auch die Wahrung des emotionalen Wohlbefindens. Vermeiden Sie Extreme und versuchen Sie, Ihren eigenen Weg in der Welt der Informationsflüsse zu finden.

Der Erfolg bei der Erstellung eines persönlichen Informationsfiltersystems liegt nicht nur im strategischen Informationsmanagement, sondern auch in einem tiefen Verständnis der eigenen Bedürfnisse und Ziele. Wenn Sie beginnen, bewusst zu handeln, gewinnen Sie Zeit und Energie für wichtige Dinge, was letztendlich zu einem ausgeglicheneren und harmonischeren Leben führt.

Untersuchungen zeigen, dass Menschen, die ihren Informationsfluss verwalten, tendenziell weniger Stress und mehr Zufriedenheit im Leben verspüren. Beginnen Sie deshalb noch heute: Erstellen Sie Ihr Filtersystem, wählen Sie Informationen bewusst aus und geben Sie sich die Möglichkeit, voll zu leben, ohne der Informationsüberflutung zu erliegen.

Methoden zur Begrenzung des „Informationsrauschens"

Im Zeitalter der Informationsüberflutung ist es wichtig, „Informationsrauschen" – den übermäßigen Datenfluss, der nicht nur die Konzentration beeinträchtigt, sondern auch zu Stress führen kann – zu erkennen und zu reduzieren. Je mehr Informationen wir konsumieren, desto schwieriger ist es, bewusste Entscheidungen zu treffen, die wirklich wichtig sind.

1. Analyse eigener Informationsquellen

Der erste Schritt zur Reduzierung des Informationsrauschens besteht darin, eine gründliche Analyse der Quellen durchzuführen, aus denen Sie Informationen erhalten. Erstellen Sie eine Liste aller Quellen: Nachrichten, Blogs, soziale Medien, Podcasts, YouTube-Kanäle und andere Medien. Stellen Sie sich anschließend folgende Fragen:

- Welche Quellen nützen mir wirklich?

- Habe ich zu viele Quellen zum gleichen Thema?

- Fühle ich mich unter Druck gesetzt, alles im Griff zu haben?

Eine an der University of California in Berkeley durchgeführte Studie hat gezeigt, dass die Begrenzung der Anzahl der Informationsquellen das Stressniveau erheblich reduzieren und das allgemeine Wohlbefinden steigern kann. Teilnehmer, die die Anzahl der Quellen auf die zwei oder drei zuverlässigsten reduzierten, berichteten von einer verbesserten Konzentration und einer geringeren Angst.

2. Festlegung von Kriterien zur Quellenbewertung

Nachdem Sie die Informationsquellen analysiert haben, ist es wichtig, klare Kriterien für die Bewertung ihrer Qualität festzulegen. Das können einfache Fragen sein:

- Ist diese Quelle zuverlässig und maßgeblich?

- Berücksichtigt diese Quelle mehrere Standpunkte?

- Bekomme ich daraus nützliche und praktische Informationen?

Eine von Anna McCarthy und ihren Kollegen an der Universität Oxford durchgeführte Studie ergab, dass kritisches Denken bei der Bewertung von Informationsquellen dazu beiträgt, die Auswirkungen von Fehlinformationen zu verringern. Je mehr Sie über die Quellen wissen, aus denen Sie Ihre Informationen beziehen, desto einfacher wird es für Sie sein, das Rauschen zu durchdringen.

3. Einsatz von Informations Filtertechnologien

Technologie kann Ihr Verbündeter im Kampf gegen Informationslärm sein. Erwägen Sie die Verwendung von Filtern und Einstellungen in Ihren Apps und Plattformen, um unnötige Informationen einzuschränken. Hier sind einige Strategien:

- Soziale Netzwerke: Auf vielen Plattformen wie Facebook oder Twitter können Sie die Anzeige von Inhalten individuell anpassen. Nutzen Sie die Funktionen „Ausblenden" oder „Abmelden" vor Seiten und Personen, die für Sie keinen Mehrwert bieten.

- RSS-Aggregatoren: Wie bereits erwähnt, können Sie mit Tools wie Feedly nur die Blogs und Nachrichten abonnieren, die Sie wirklich interessieren, anstatt nur durch endlose Feeds zu scrollen.

- Werbeblocker: Verwenden Sie Werbeblocker wie Adblock Plus oder uBlock Origin, um die Menge an Werbung und Spam zu reduzieren, die Sie davon abhalten, sich auf wichtige Inhalte zu konzentrieren.

Technologie bietet viele Möglichkeiten, Ihren Informationsfluss zu personalisieren, und der richtige Einsatz dieser Möglichkeiten kann Ihr Leben erheblich einfacher machen.

4. Festlegung der Grenzen des Informationskonsums

Untersuchungen zeigen, dass der Konsum zu vieler Informationen zu Erschöpfung und sogar Depressionen führen kann. Psychologen der University of Wisconsin-Madison fanden beispielsweise heraus, dass Teilnehmer, die mehr als drei Stunden am Tag in sozialen Medien verbrachten, ein erhöhtes Stressniveau hatten. Daher ist es wichtig, dem Informationskonsum klare Grenzen zu setzen.

Bestimmen Sie, wie viel Zeit Sie bereit sind, damit zu verbringen, die Nachrichten zu lesen oder soziale Medien zu checken. Es kann beispielsweise eine Stunde pro Tag sein. Verwenden Sie einen Timer oder Zeiterfassungs-Apps, um Ihren Verbrauch zu überwachen.

Versuchen Sie auch, „Tage ohne Daten" einzustellen. Dies könnte das Wochenende sein, an dem Sie beschließen, sich von allen Nachrichten und sozialen Medien zu trennen. Studien haben gezeigt, dass dieser Ansatz Ängste und Stress reduzieren kann.

5. Erstellen eines „Informations Filters"

Es ist wichtig zu bedenken, dass nicht alle Quellen gleich sind. Erstellen Sie für sich selbst ein Filtersystem, mit dem Sie leicht beurteilen können, ob es sich lohnt, bestimmte Informationen zu nutzen. Dies kann eine einfache Tabelle sein, in der Sie die Quellen nach mehreren Kriterien bewerten, wie zum Beispiel:

- Zuverlässigkeit

- Aktualität

- Praktikabilität

Bewerten Sie jede Quelle anhand dieser Kriterien und erstellen Sie eine Liste „erlaubter" und „verbotener" Quellen. Dies kann eine nützliche Richtlinie für Ihren Informationskonsum sein.

Eine am Massachusetts Institute of Technology durchgeführte Studie zeigte, dass Menschen, die Informationsfiltersysteme nutzen, weniger Stress haben und zufriedener mit dem Leben sind.

6. Anerkennung und Ablehnung von „Clickbait"

Clickbait sind Schlagzeilen und Artikel, die Aufsehen erregen, aber oft keine nützlichen Informationen enthalten. Sie versuchen, Ihre Aufmerksamkeit zu erregen, indem sie Sie dazu verleiten, auf einen Link zu klicken. Das Erkennen solcher Materialien ist eine wichtige Fähigkeit zur Begrenzung des Informationsrauschens.

Stellen Sie sich diese Fragen, bevor Sie auf einen Artikel klicken:

- Macht mich der Titel misstrauisch?

- Klingt es zu schön, um wahr zu sein?

- Können Sie eine Bestätigung dieser Informationen in anderen zuverlässigen Quellen finden?

Laut einer Studie in der Fachzeitschrift Computers in Human Behavior berichteten Nutzer, die bewusst auf Clickbait-Material verzichteten, über ein positiveres Erlebnis beim Informationskonsum und weniger Frustration.

7. Schaffung eines Informations Minimums

Es ist nicht immer notwendig, über alles Bescheid zu wissen, was auf der Welt passiert. Erstellen Sie ein Informationsminimum – eine Reihe von Quellen und Themen, die Sie nutzen möchten. Dies können sein:

- Eine oder zwei seriöse Nachrichtenseiten

- Mehrere Blogs zu Themen, die Sie interessieren

- Podcasts oder Videos, die Sie nützlich finden

Dies wird Ihnen helfen, die Menge an Informationen, denen Sie täglich ausgesetzt sind, zu reduzieren und sich auf die wirklich wichtigen Aspekte Ihres Lebens zu konzentrieren.

Untersuchungen zeigen, dass Menschen, die ihren Informationsfluss aktiv steuern, weniger Stress verspüren und eine höhere Lebenszufriedenheit haben.

8. Meditation und Achtsamkeit nutzen

Meditations- und Achtsamkeitsübungen können Ihnen helfen, sich vom Informationslärm zu lösen und sich auf das Wesentliche zu konzentrieren. Untersuchungen im Journal of Happiness Studies ergaben, dass regelmäßiges Achtsamkeitstraining die Fähigkeit zum kritischen Denken steigert und das Angstniveau reduziert.

Beginnen Sie mit kurzen Meditationssitzungen, in denen Sie sich auf Ihre Atmung und die Wahrnehmung Ihrer Gedanken konzentrieren. Dies wird Ihnen helfen, die Fähigkeit zu entwickeln, das wirklich Wichtige herauszufiltern.

9. Schaffung eines Informationsregimes

Ihre Informationsdiät sollte genauso wichtig sein wie Ihre Ernährung. Erstellen Sie einen Zeitplan für den Informationskonsum, um zu vermeiden, dass Sie zu jeder Tageszeit zufällig Nachrichten oder soziale Netzwerke durchsuchen. Zum Beispiel:

- Legen Sie bestimmte Zeiten fest, um die Nachrichten oder sozialen Medien zu lesen.

- Vermeiden Sie es, Informationen vor dem Schlafengehen zu konsumieren.

- Nehmen Sie sich Zeit und lesen Sie Bücher oder andere Quellen, die Sie wirklich interessieren.

Dieser Modus hilft Ihnen, versehentliches „Erfassen" von Informationen zu vermeiden und ermöglicht Ihnen, sich auf wichtige Dinge zu konzentrieren.

10. Unterstützen Sie die Kommunikation mit Menschen, die ähnliche Interessen haben

Wenn Sie mit Menschen in Kontakt treten, die Ihre Interessen teilen, können Sie über wichtige Neuigkeiten auf dem Laufenden bleiben, ohne in einem Meer von Informationslärm zu ertrinken. Treten Sie Themengruppen bei, diskutieren Sie Ihre Gedanken und teilen Sie Neuigkeiten.

Eine an der Ohio State University durchgeführte Studie ergab, dass soziale Interaktion das Gefühl der Informationsüberflutung reduzieren und die allgemeine Zufriedenheit mit den konsumierten Informationen erhöhen kann.

Die Begrenzung des Informationsrauschens ist ein wichtiger Schritt zur Verbesserung Ihrer Lebensqualität. Mithilfe von Techniken wie dem Analysieren von Quellen, dem Festlegen von Bewertungskriterien, dem Filtern von Informationen, dem Festlegen von Verbrauchsgrenzen und dem aktiven Üben von Achtsamkeit können Sie eine kontrolliertere Informationsumgebung schaffen. Durch die Auswahl hochwertiger Informationsquellen und einen bewussten Umgang mit dem Konsum können Sie sich auf das konzentrieren, was Ihnen wirklich wichtig ist, und Stress reduzieren. Langfristig führt dies zu einer gesünderen Einstellung gegenüber Informationen und einem besseren psycho-emotionalen Zustand.

Erstellen eines intelligenten Mediaplans

In einem Umfeld, in dem wir ständig von Informationen umgeben sind, ist es wichtig, einen klaren Medienplan zu haben, der es Ihnen ermöglicht, die Inhalte, die Sie täglich konsumieren, bewusst zu verwalten. Durch die Erstellung eines intelligenten Medienplans wird nicht nur der Informationslärm reduziert, sondern auch Ihre Produktivität und Ihr allgemeines Wohlbefinden gesteigert.

Bevor wir beginnen, ist es wichtig zu erkennen, dass Medienmanagement keine leichte Aufgabe ist. Dies ist ein Prozess, der Anstrengung und Bewusstsein erfordert. Doch wie zahlreiche Studien belegen, kann der bewusste Umgang mit Informationen zu deutlichen Verbesserungen in Ihrem Leben führen.

Definieren Sie Ihre Ziele

Bevor Sie mit der Erstellung eines Mediaplans beginnen, müssen Sie Ihre Ziele klar definieren. Was möchten Sie durch Medienkonsum erreichen? Versuchen Sie, auf dem Laufenden zu bleiben, neue Fähigkeiten zu entwickeln oder einfach nur zu entspannen?

Eine an der Stanford University durchgeführte Studie zeigte, dass Menschen, die beim Konsum von Informationen klare Ziele haben, sich weniger gestresst und zufriedener mit dem Prozess fühlen. Schreiben Sie Ihre Ziele auf, das hilft Ihnen, sich auf die wichtigen Aspekte zu konzentrieren.

Erstellen Sie eine Mediaplanstruktur

Ihr Mediaplan sollte eine gewisse Struktur haben. Bestimmen Sie, welche Arten von Medien Sie konsumieren (Nachrichten, Blogs, Podcasts, Bücher) und wie viel Zeit Sie ihnen widmen möchten. Beispielsweise könnten Sie entscheiden, 30 Minuten für Nachrichten, 1 Stunde für das Lesen von Büchern und 30 Minuten für Podcasts aufzuwenden.

Eine an der Columbia University durchgeführte Studie ergab, dass Menschen, die ihren Tag planen, ihre Zeit effizienter nutzen und weniger Stress erleben. Das Erstellen eines Zeitplans für den Inhaltskonsum kann ein wichtiger Schritt zur Steigerung Ihrer Produktivität sein.

Wählen Sie zuverlässige Informationsquellen

Es ist wichtig, qualitativ hochwertige und zuverlässige Informationsquellen auszuwählen. Dadurch können Sie Fehlinformationen vermeiden und nützliche Erkenntnisse gewinnen. Erstellen Sie eine Liste mit mehreren Quellen, die Sie regelmäßig nutzen werden. Dies können maßgebliche Nachrichtenseiten, Expertenblogs, Fachzeitschriften und andere Ressourcen sein.

Eine an der University of Southern California durchgeführte Studie ergab, dass der Konsum von Informationen aus zuverlässigen Quellen zu besseren Entscheidungen und weniger Stress führt. Denken Sie daran, dass Qualität wichtiger ist als Quantität.

Nutzen Sie Filter und Technologien

Heutzutage gibt es viele Technologien, die Ihnen bei der Verwaltung von Informationsflüssen helfen können. Verwenden Sie RSS-Aggregatoren, Social-Media-Filter und Werbeblocker-Apps, um zu steuern, was Sie sehen.

Eine an der University of Texas durchgeführte Studie zeigte, dass Menschen, die Technologie zum Filtern von Informationen nutzen, von einem geringeren Stresslevel und einer größeren Zufriedenheit mit den von ihnen konsumierten Informationen berichten. Investieren Sie Zeit in die Einrichtung einer Technologie, die Ihnen hilft, sich auf das Wesentliche zu konzentrieren.

Begrenzen Sie die Zeit des Informationskonsums

Setzen Sie Grenzen für den Informationsverbrauch. Legen Sie bestimmte Zeiten fest, zu denen Sie die Nachrichten oder sozialen Medien lesen, und halten Sie sich an diesen Zeitplan. Beispielsweise könnten Sie entscheiden, die sozialen Medien nur morgens und abends zu checken.

Eine an der University of Greenwich durchgeführte Studie ergab, dass die Begrenzung der in sozialen Medien verbrachten Zeit das Angstniveau verringern und die Gesamtproduktivität steigern kann. Versuchen Sie, einen Timer einzustellen, um zu steuern, wie viel Zeit Sie täglich mit Informationen verbringen.

Nutzen Sie das Zwei-Minuten-Prinzip

Dieses von David Allen in seinem Buch „Getting Things Done" populär gemachte Prinzip bezieht sich auf die Erledigung von Aufgaben, die in höchstens zwei Minuten erledigt werden können. Wenn Sie etwas sehen, das Ihre Aufmerksamkeit erfordert, fragen Sie sich: „Kann ich das in zwei Minuten lösen?" Wenn ja, dann tun Sie es sofort.

Untersuchungen zeigen, dass die sofortige Erledigung kleiner Aufgaben die Produktivität steigert und die Wahrscheinlichkeit des Aufschiebens verringert. Dieses Prinzip lässt sich auf den Informationskonsum übertragen: Wenn Sie einen Link zu einem Artikel erhalten, der Sie interessiert und Sie ihn schnell lesen können, tun Sie es und zögern Sie nicht.

Integrieren Sie Gamification-Elemente

Gamification ist der Prozess der Einführung von Spielelementen in Nicht-Spiel-Kontexte. Sie können beispielsweise ein Punkte- oder Erfolgssystem für die Erledigung von Aufgaben im Zusammenhang mit dem Informationskonsum erstellen. Sammeln Sie Punkte für jeden Artikel, den Sie lesen, oder jeden Podcast, den Sie anhören.

Eine an der University of Minnesota durchgeführte Studie ergab, dass Gamification die Motivation und das Engagement steigern kann. Dies wird Ihnen helfen, nicht nur mehr nützliche Informationen zu konsumieren, sondern dies auch mit Begeisterung zu tun.

Führen Sie „Informationsentgiftungen" durch

Regelmäßige „Informationsentgiftungen" können ein wirksames Mittel zur Reduzierung des Informationsrauschens sein. Nehmen Sie sich ein paar Tage, Wochen oder sogar Monate ohne Informationsfluss Zeit, um Ihre Gedanken und Gefühle neu zu starten.

Eine an der Boston University durchgeführte Studie ergab, dass Menschen, die sich eine Zeit lang von sozialen Medien trennen, über ein höheres

Glücksgefühl und weniger Stress berichten. Dies wird Ihnen helfen, sich wieder auf die wichtigen Aspekte Ihres Lebens zu konzentrieren.

Gehen Sie zu „Qualitätskonsum"

Anstatt zu versuchen, so viele Informationen wie möglich zu konsumieren, konzentrieren Sie sich auf „Qualitätskonsum". Das bedeutet, dass Sie Zeit damit verbringen sollten, Inhalte zu lesen, anzuhören oder anzusehen, die Ihnen wirklich wichtig sind.

Eine an der University of North Carolina durchgeführte Studie ergab, dass der Konsum von Informationen, die für Ihre Interessen relevant sind, zu größerer Zufriedenheit und weniger Gefühlen der Überforderung führt. Identifizieren Sie Themen, die Sie wirklich interessieren, und konzentrieren Sie sich auf diese.

Überprüfen Sie regelmäßig Ihren Mediaplan

Ihr Mediaplan sollte ein dynamisches Dokument sein. Überprüfen Sie es regelmäßig, um sicherzustellen, dass es Ihren Zielen und Bedürfnissen noch entspricht. Gibt es Quellen, die Sie ausschließen sollten? Müssen Sie neue Ressourcen hinzufügen?

Eine an der University of Virginia durchgeführte Studie ergab, dass die regelmäßige Bewertung der eigenen Ziele und des Medienkonsums zu besseren Lern- und Entwicklungsergebnissen führt. Es ist wichtig, dass Sie Ihren Plan an veränderte Bedürfnisse und Ziele anpassen können.

Wählen Sie hochwertige Inhaltsquellen

Nicht alle Medienressourcen sind gleich. Es ist wichtig, zuverlässige und qualitativ hochwertige Quellen auszuwählen, um Fehlinformationen zu vermeiden. Erstellen Sie eine Liste bewährter Ressourcen, auf die Sie sich verlassen können. Dies können wissenschaftliche Zeitschriften, maßgebliche Nachrichtenseiten oder Blogs von Experten auf einem bestimmten Gebiet sein.

Eine an der University of California durchgeführte Studie hat gezeigt, dass der Konsum von Informationen aus hochwertigen Quellen zu einem besseren Verständnis eines Themas und weniger Stress durch

Informationsüberflutung führt. Gewöhnen Sie sich an, Informationsquellen zu überprüfen, bevor Sie sie konsumieren.

Nutzen Sie Technologie zur Automatisierung

Heutzutage gibt es viele Tools, die den Prozess des Informationskonsums automatisieren können. Verwenden Sie RSS-Aggregatoren, um Neuigkeiten von Ihren Lieblingsseiten zu erhalten, richten Sie Benachrichtigungen für wichtige Social-Media-Themen ein und verwenden Sie Plugins, um interessante Artikel zu speichern, die Sie später lesen möchten.

Eine an der University of Alabama durchgeführte Studie ergab, dass die Automatisierung des Informationskonsums Stress reduzieren und die Produktivität steigern kann. Haben Sie keine Angst davor, Technologie zu nutzen, um Ihr Leben einfacher zu machen.

Implementieren Sie Achtsamkeitspraktiken

Es ist wichtig, beim Konsum von Informationen bewusst zu sein. Nehmen Sie sich Zeit für den bewussten Konsum von Inhalten. Dazu können Meditationsübungen, Atemübungen oder einfach die Achtsamkeit bei dem, was Sie konsumieren, gehören.

Eine an der Universität von Hawaii durchgeführte Studie zeigte, dass der achtsame Konsum von Informationen zu weniger Stress und einem gesteigerten allgemeinen Wohlbefinden führt. Integrieren Sie Achtsamkeitsübungen in Ihren Alltag, um die Qualität Ihres Mediaplans zu verbessern.

Schaffen Sie Raum zum Nachdenken

Nehmen Sie sich regelmäßig Zeit, über die von Ihnen konsumierten Informationen nachzudenken. Dies kann Tagebuchschreiben sein oder einfach nur darüber nachdenken, wie sich die Nachrichten auf Ihr Leben auswirken.

Eine an der University of Arizona durchgeführte Studie ergab, dass Reflexion zu einem besseren Verständnis der eigenen Gedanken und Gefühle sowie zu einer Reduzierung von Stress führt. Nehmen Sie sich Zeit, über die Informationen nachzudenken, damit Sie sich ihrer Auswirkungen auf Sie bewusster werden.

Haben Sie keine Angst, Pausen einzulegen

Manchmal kann eine einfache Pause die beste Lösung sein. Wenn Sie eine Informationsüberflutung verspüren, scheuen Sie sich nicht, eine Pause einzulegen. Trennen Sie sich für ein paar Tage oder sogar Wochen von den Medien, um Ihre Gedanken und Gefühle auf den Kopf zu stellen.

Eine an der Duke University durchgeführte Studie ergab, dass regelmäßige Pausen beim Informationskonsum die allgemeine Zufriedenheit steigern und Stress reduzieren. Machen Sie eine Pause, um sich auf sich selbst und Ihre Bedürfnisse zu konzentrieren.

Beziehen Sie andere in Ihren Mediaplan ein

Teilen Sie Ihren Medienplan mit Freunden oder der Familie. Dies kann eine nützliche Möglichkeit sein, neue Ideen und Unterstützung zu erhalten. Besprechen Sie mit ihnen Ihre Ziele und Strategien und tauschen Sie Erfahrungen aus.

Eine an der University of Georgia durchgeführte Studie ergab, dass soziale Unterstützung die Erfolgswahrscheinlichkeit beim Erreichen von Zielen erhöht. Wenn Sie andere in Ihren Medienplan einbeziehen, können Sie motiviert bleiben und sich auf das Wesentliche konzentrieren.

Verbessern Sie Ihren Mediaplan kontinuierlich

Ihr Mediaplan sollte nicht statisch sein. Es sollte sich ständig verbessern und an Ihre sich ändernden Bedürfnisse anpassen. Bewerten Sie Ihren Plan regelmäßig und nehmen Sie Änderungen basierend auf Ihren neuen Zielen und Vorlieben vor.

An der University of British Columbia durchgeführte Untersuchungen haben gezeigt, dass Flexibilität beim Erreichen von Zielen zu besseren Lern- und Entwicklungsergebnissen führt. Scheuen Sie sich nicht, Änderungen an Ihrem Mediaplan vorzunehmen, wenn Sie es für notwendig halten.

Die Erstellung eines intelligenten Medienplans ist ein wichtiger Schritt bei der Steuerung der Informationsflüsse in unserem Leben. Durch den Einsatz einfacher Strategien, die auf wissenschaftlicher Forschung basieren, können Sie Informationsrauschen reduzieren, Ihre Produktivität steigern und Ihr allgemeines Wohlbefinden verbessern. Es ist wichtig, sich daran zu erinnern, dass Medienmanagement keine einmalige Aktion ist, sondern ein kontinuierlicher Prozess, der Anstrengung und Bewusstsein erfordert. Achten Sie auf Ihren Mediaplan, er wird sich auf lange Sicht auszahlen.

Kapitel 7:

Mentales Gleichgewicht im Nachrichtenzeitalter bewahren

Strategien zum Umgang mit negativen Nachrichten

In der heutigen Welt wimmelt es ständig von Informationen, und Nachrichten, insbesondere negative, füllen unsere Bildschirme und Ohren. Nachrichtenseiten, soziale Netzwerke und sogar persönliche Gespräche können zu Quellen von Angst und Verzweiflung werden. Aber wie bewahren wir das Gleichgewicht und lassen nicht zu, dass diese Nachricht unsere geistige Gesundheit beeinträchtigt?

Bevor Sie sich mit diesen Strategien befassen, ist es wichtig zu erkennen, dass Sie nicht allein sind. Viele Menschen erleben ähnliche Emotionen, wenn sie Nachrichten konsumieren. Untersuchungen zeigen, dass der Konsum zu vieler Nachrichten, insbesondere negativer Nachrichten, zu Angstzuständen, Depressionen und sogar körperlichen Problemen führen kann. Daher ist es wichtig, einen Weg zu finden, mit dieser Informationsüberflutung umzugehen.

Grenzen setzen: Zeit für Nachrichten definieren

Der erste Schritt beim Umgang mit negativen Nachrichten besteht darin, Grenzen zu setzen. Legen Sie eine bestimmte Tageszeit fest, zu der Sie die Nachrichten lesen. Es kann morgens oder abends 30 Minuten dauern. Durch diese Einschränkung können Sie das ständige Ansehen der Nachrichten während des Tages vermeiden, was zu einem Gefühl ständiger Angst führen kann.

Untersuchungen zeigen, dass die Begrenzung der Zeit, in der Sie Nachrichten konsumieren, den Stress reduzieren kann. Dadurch können Sie sich auf andere, positivere oder produktivere Beschäftigungen konzentrieren. Wenn Sie wissen, dass Sie eine bestimmte Zeit für

Neuigkeiten haben, können Sie sich ohne ständige Ablenkung auf den wirklichen Moment konzentrieren.

Nachrichtenquellen auswählen: Qualität ist wichtiger als Quantität

Nicht alle Nachrichtenquellen sind gleich. Die Wahl zuverlässiger und ausgewogener Informationsquellen kann Ihre Wahrnehmung der Nachrichten erheblich beeinflussen. Wählen Sie mehrere seriöse Websites oder Zeitungen aus, die unterschiedliche Ansichten und Herangehensweisen an die Nachrichten vertreten. Dies wird dazu beitragen, ein umfassenderes Bild der Situation zu erhalten.

Achten Sie auch darauf, wie die Nachrichten präsentiert werden. Wenn sich eine bestimmte Quelle konsequent auf das Negative konzentriert, ohne Kontext oder mögliche Lösungen bereitzustellen, kann es sich lohnen, andere Quellen in Betracht zu ziehen. Die Wahl ausgewogener Quellen trägt dazu bei, Gefühle der Hilflosigkeit und Hoffnungslosigkeit zu reduzieren.

Positive Nachrichten: Konzentration auf das Gute

Um das Gleichgewicht Ihres Nachrichtenkonsums aufrechtzuerhalten, beziehen Sie positive Nachrichten in Ihren Informationskonsum ein. Nehmen Sie sich Zeit, Artikel zu lesen oder Sendungen anzusehen, die sich auf positive Ereignisse oder Erfolge konzentrieren. Dabei kann es sich beispielsweise um Nachrichten über Wohltätigkeit, wissenschaftliche Errungenschaften oder außergewöhnliche menschliche Taten handeln.

Untersuchungen zeigen, dass positive Nachrichten die Stimmung und die allgemeine psychische Gesundheit deutlich verbessern können. Wenn Sie positive Informationen konsumieren, hilft das dabei, negative Emotionen auszugleichen und gibt Ihnen Energie zum Handeln.

Dankbarkeit üben: Übergang zum positiven Denken

Dankbarkeit ist ein wirksames Werkzeug, das dazu beitragen kann, die Auswirkungen negativer Nachrichten auf Ihr Leben zu verringern. Nehmen Sie sich jeden Tag Zeit, aufzuschreiben, wofür Sie dankbar sind. Es kann ein einfacher Akt der Dankbarkeit für Familie, Freunde,

Gesundheit oder sogar dafür sein, dass Sie in einer Zeit leben, in der Wissenschaft und Technologie die Welt zum Besseren verändern können.

Untersuchungen zeigen, dass das Praktizieren von Dankbarkeit die Symptome von Depressionen und Angstzuständen lindern kann. Dies ist eine einfache, aber effektive Möglichkeit, den Fokus vom Negativen auf das Positive zu verlagern. Wenn Sie sich regelmäßig an Dinge erinnern, die Ihnen am Herzen liegen, stärkt das Ihre emotionale Widerstandskraft.

Soziale Kontakte pflegen: Mit positiven Menschen kommunizieren

Der Umgang mit positiven Menschen kann einen großen Einfluss auf Ihre Wahrnehmung der Welt haben. Finden Sie ein Umfeld, das Sie unterstützt und inspiriert. Das können Freunde, Familienmitglieder oder Kollegen sein, mit denen Sie nicht nur die negativen, sondern auch die positiven Aspekte des Lebens besprechen können.

Soziale Unterstützung ist für die psychische Gesundheit enorm wichtig. Untersuchungen zeigen, dass die Unterstützung von Angehörigen dazu beiträgt, Stress abzubauen und das allgemeine Wohlbefinden zu verbessern. Scheuen Sie sich nicht, auf diejenigen zuzugehen, die Sie unterstützen und Ihre Erfahrungen zu teilen.

Körperliche Aktivität: Die Wirkung von Sport auf die Stimmung

Körperliche Aktivität ist ein weiteres wirksames Instrument zur Aufrechterhaltung des emotionalen Gleichgewichts. Regelmäßiger Sport trägt dazu bei, Stress abzubauen, die Stimmung zu verbessern und das allgemeine Wohlbefinden zu verbessern. Finden Sie eine Art körperlicher Aktivität, die Ihnen Spaß macht, sei es Laufen, Yoga, Tanzen oder Schwimmen.

Studien bestätigen, dass körperliche Aktivität zur Produktion von Endorphinen – „Glückshormonen" – beiträgt. Es trägt dazu bei, die Symptome von Depressionen und Angstzuständen zu reduzieren. Regelmäßige Bewegung kann daher ein wichtiger Bestandteil Ihrer Strategie zur Bewältigung negativer Nachrichten sein.

Meditation und Achtsamkeit: Techniken zum Lösen von Spannungen

Meditations- und Achtsamkeitstechniken können eine große Hilfe im Umgang mit Stress und negativen Emotionen sein, die als Reaktion auf die Nachrichten entstehen. Verbringen Sie jeden Tag ein paar Minuten mit Meditation oder Atemübungen. So können Sie sich auf den Moment konzentrieren und Spannungen abbauen.

Studien zeigen, dass regelmäßige Meditationspraxis den Stress reduziert, die Konzentration und das allgemeine Wohlbefinden verbessert. Sie können kostenlose Meditations-Apps oder Apps verwenden, um mit dieser Übung zu beginnen.

Eigene Prioritäten definieren: Was ist wirklich wichtig?

In einer Welt voller Informationen ist es wichtig herauszufinden, was Ihnen wirklich wichtig ist. Sind das globale Probleme oder persönliche Ziele? Konzentrieren Sie sich auf die Themen, die Ihr Leben betreffen, und lassen Sie sich nicht auf Dinge ein, die Sie nichts angehen.

Wenn Sie Ihre eigenen Prioritäten festlegen, können Sie Ängste abbauen und sich auf das Wesentliche konzentrieren. Wenn Sie wissen, was für Sie wichtig ist, können Sie Informationen, die für Sie nicht relevant sind, leichter ignorieren oder herausfiltern.

Erwerb von Informationshygiene: Die Fähigkeit zum „Abschalten"

Informationshygiene ist ein Konzept, das Ihnen hilft, das Abschalten von Nachrichten- und Informationsströmen zu erlernen. Legen Sie selbst Regeln fest: Schauen Sie sich zum Beispiel nicht die Nachrichten vor dem Schlafengehen oder während des Mittagessens an. Gönnen Sie sich eine Pause von den Nachrichten, um Stress abzubauen und die Produktivität zu steigern.

Studien zeigen, dass das Fehlen einer Informationsüberflutung zu einer besseren psychischen Gesundheit und einer verbesserten Schlafqualität führt. Wenn Sie sich von Informationen trennen, geben Sie Ihrem Gehirn die Chance, sich zu erholen.

Schaffung einer gesunden Informationsumgebung

Beim Umgang mit negativen Nachrichten geht es nicht nur darum, Negativität zu vermeiden, sondern auch darum, ein gesundes Informationsumfeld zu schaffen. Finden Sie ein Gleichgewicht zwischen Ihrem Nachrichtenkonsum und positiven Praktiken, die Ihr Wohlbefinden steigern. Grenzen setzen, hochwertige Quellen auswählen, Dankbarkeit üben und körperlich aktiv sein sind nur einige Strategien, die Ihnen helfen können, das emotionale Gleichgewicht zu bewahren.

Lassen Sie diese Strategien zu Ihrem Kompass in der Welt der Nachrichten werden, in der es wichtig ist, einen klaren Kopf und eine positive Lebenseinstellung zu bewahren. Denken Sie daran, dass Sie die Kontrolle darüber haben, wie Sie Informationen konsumieren, und dass Sie jederzeit entscheiden können, was für Sie wichtig ist. Dadurch können Sie ein ausgeglicheneres und glücklicheres Leben führen, selbst in einer Welt, in der negative Nachrichten zu ständigen Begleitern werden können.

Emotionaler Schutz

Im heutigen Informationsumfeld können Nachrichten leicht unsere Stimmung ruinieren und unser emotionales Wohlbefinden beeinträchtigen. Einen Weg zu finden, emotional belastbar zu bleiben, ist eine wichtige Fähigkeit, die Ihnen nicht nur hilft, Ihre Stimmung zu schützen, sondern auch in schwierigen Zeiten einen klaren Kopf zu bewahren. Schauen wir uns einige Strategien an, die Ihnen beim Aufbau emotionaler Abwehrkräfte helfen können.

Bevor wir beginnen, ist es wichtig zu erkennen, dass emotionale Sensibilität gegenüber den Nachrichten normal ist. Der Mensch ist ein soziales Wesen und das, was auf der Welt passiert, wirkt sich direkt auf uns aus. Sie können jedoch lernen, Ihre Reaktion auf die Nachrichten so zu kontrollieren, dass sie Ihre Stimmung nicht beeinträchtigen.

Die eigenen Emotionen verstehen: Auslöser identifizieren

Der erste Schritt zum emotionalen Schutz ist das Bewusstsein für die eigenen Emotionen. Versuchen Sie herauszufinden, welche Nachrichten oder Themen Ihnen den größten Stress oder die größte Angst bereiten.

Dabei kann es sich um Nachrichten über Kriege, Wirtschaftskrisen oder Umweltkatastrophen handeln. Indem Sie Ihre Auslöser identifizieren, können Sie sich besser auf den Umgang mit ihnen vorbereiten.

Untersuchungen zeigen, dass es hilft, deren Auswirkungen zu reduzieren, wenn man sich seiner Emotionen und Auslöser bewusst ist. Wenn Sie wissen, was bei Ihnen negative Emotionen hervorruft, können Sie Ihre Einstellung zu dieser Nachricht ändern oder sie ganz vermeiden. Wenn Sie beispielsweise wissen, dass bestimmte Nachrichten Sie beunruhigen, versuchen Sie, Ihren Konsum einzuschränken oder nach Nachrichten mit einem positiveren oder neutraleren Kontext zu suchen.

Erdungstechniken: Rückkehr in den gegenwärtigen Moment

Wenn die Nachricht starke Emotionen in Ihnen auslöst, können Erdungstechniken ein zuverlässiges Werkzeug sein, um Sie in den gegenwärtigen Moment zurückzubringen. Dazu können Atemübungen, Sport oder einfache Meditationsübungen gehören. Versuchen Sie zum Beispiel die „5-4-3-2-1"-Technik, bei der Sie fünf Dinge identifizieren, die Sie sehen können, vier Dinge, die Sie hören können, drei Dinge, die Sie fühlen können, zwei Dinge, die Sie riechen können, und eines, das Sie ausprobieren können.

Untersuchungen zeigen, dass Erdungstechniken dazu beitragen, Angstzustände zu reduzieren und das emotionale Gleichgewicht wiederherzustellen. Dies ist eine einfache, aber effektive Möglichkeit, innezuhalten und sich daran zu erinnern, dass Sie die Kontrolle über Ihre Umgebung haben, unabhängig von den externen Nachrichten.

Einen emotionalen Schutzschild schaffen: Persönliche Grenzen definieren

Zum emotionalen Schutz gehört auch das Setzen persönlicher Grenzen bei der Kommunikation über die Nachrichten. Begrenzen Sie Ihre Gespräche über negative Themen mit Menschen, die ständig schlechte Nachrichten bringen. Suchen Sie stattdessen Unterstützung bei denen, die konstruktive Lösungen oder positive Alternativen anbieten können.

Studien bestätigen, dass die Kommunikation mit positiven Menschen dazu beiträgt, das emotionale Gleichgewicht aufrechtzuerhalten. Wenn Sie sich mit Menschen umgeben, die eine positive Lebenseinstellung haben, ist es wahrscheinlicher, dass Sie Ihre emotionale Belastbarkeit bewahren.

Aktive Aktionen: Wie man Veränderungen beeinflusst

Eine Möglichkeit, auf negative Nachrichten zu reagieren, besteht darin, Maßnahmen zu ergreifen. Anstatt die Situation nur zu beobachten, denken Sie darüber nach, wie Sie sie beeinflussen können. Dies kann die Teilnahme an Freiwilligenprogrammen, die Unterstützung gemeinnütziger Organisationen oder die Teilnahme an öffentlichen Veranstaltungen sein.

Untersuchungen zeigen, dass aktive Aktivitäten das Gefühl der Kontrolle und Zufriedenheit mit dem Leben steigern. Wenn Sie sich an Veränderungen beteiligen, haben Sie das Gefühl, dass Ihre Handlungen wichtig sind, und das trägt dazu bei, das Gefühl der Hoffnungslosigkeit zu verringern, das oft mit negativen Nachrichten einhergeht.

Entwicklung emotionaler Flexibilität: Einstellungen gegenüber Schwierigkeiten ändern

Emotionale Flexibilität ist die Fähigkeit, sich an neue Situationen anzupassen und mit Schwierigkeiten umzugehen. Sie können lernen, flexibler zu sein, indem Sie Ihre Reaktion auf negative Nachrichten ändern. Betrachten Sie sie nicht als Bedrohung, sondern als Chance zum Lernen oder Wachsen.

Studien zeigen, dass emotional flexible Menschen Schwierigkeiten leichter bewältigen und eine positive Einstellung bewahren. Sie können diese Flexibilität üben, indem Sie sich auf die Chancen konzentrieren, die sich aus schwierigen Situationen ergeben können, anstatt sich mit dem Negativen zu beschäftigen.

Übergang zum aktiven Nachrichtenkonsum: Involviertheit statt Passivität

Gehen Sie beim Nachrichtenkonsum aktiv statt passiv vor. Anstatt nur die Nachrichten anzuschauen, fragen Sie sich: „Welche Informationen kann ich nutzen, um die Situation zu verbessern?" Dies ermöglicht es Ihnen,

Handlungsmöglichkeiten zu finden, anstatt sich nur wegen der Nachrichten Sorgen zu machen.

Untersuchungen zeigen, dass das aktive Konsumieren von Nachrichten Ihre Fähigkeit verbessert, die Situation zu beeinflussen, und das Gefühl der Ohnmacht verringert. Wenn Sie nach Möglichkeiten suchen, eine Situation zu beeinflussen, sind Sie in der Regel sicherer, mit Herausforderungen umgehen zu können.

Informationen und Erholung in Einklang bringen: Zeit für einen Neustart

Vergessen Sie nicht, wie wichtig Ruhe ist. Die Beschäftigung mit der Informationswelt kann zu Stress und Müdigkeit führen. Gönnen Sie sich eine Pause von den Nachrichten, indem Sie Zeit in der Natur verbringen, einem Hobby nachgehen oder einfach nur entspannen.

Untersuchungen zeigen, dass regelmäßige Ruhepausen vor der Informationsüberflutung dazu beitragen, das emotionale Gleichgewicht aufrechtzuerhalten und das Risiko der Entwicklung von Angstzuständen verringern. Ihr Gehirn braucht Zeit, um sich zu erholen. Scheuen Sie sich also nicht, abzuschalten und Momente der Ruhe zu genießen.

Ihre emotionale Stabilität liegt in Ihren Händen

Der Umgang mit Ihrem emotionalen Zustand angesichts der Informationsüberflutung ist eine wichtige Fähigkeit, die Sie entwickeln können. Indem Sie negative Nachrichten beiseite legen und sich auf Ihr eigenes emotionales Wohlbefinden konzentrieren, können Sie in schwierigen Zeiten einen klaren Geist und eine positive Einstellung bewahren.

Durch die Anwendung dieser Strategien können Sie einen emotionalen Schutzschild aufbauen, der Ihnen hilft, mit Widrigkeiten umzugehen, in der Welt der Nachrichten und Nachrichten das Gleichgewicht zu bewahren und zu verhindern, dass die Nachrichten Ihre Stimmung ruinieren. Denken Sie daran, dass Sie die Kontrolle darüber haben, wie Sie auf Informationen reagieren, und dass Ihr emotionales Wohlbefinden von Ihren Handlungen abhängt. Eröffnen Sie neue Horizonte, wählen Sie positive

Informationsquellen und entwickeln Sie emotionale Stabilität – und Sie werden in der Welt der Nachrichten ein Gleichgewicht finden.

Entwicklung gesunder Medienkonsumgewohnheiten

In einer Welt voller Informationen ist es wichtig zu lernen, Nachrichten und Inhalte aus sozialen Netzwerken bewusst zu konsumieren. Manchmal kann es wie eine schwierige Aufgabe erscheinen. Aber wenn Sie die Grundlagen der Bildung gesunder Gewohnheiten verstehen, werden Sie in der Lage sein, Ihre Interaktion mit den Medien zu kontrollieren und so das emotionale Gleichgewicht und die geistige Gesundheit aufrechtzuerhalten.

Die Entwicklung einer Gewohnheit für einen gesunden Medienkonsum beginnt mit der Erkenntnis, dass nicht alle Informationen nützlich sind. Es kann Angstzustände, Stress und sogar Depressionen verursachen. Wenn Sie wissen, dass Ihr Medienkonsum negative Emotionen hervorruft, ist es wichtig, Strategien zu finden, um Ihre Gewohnheiten zu ändern.

Klare Grenzen setzen: Zeit für Nachrichten und soziale Medien

Eine der effektivsten Möglichkeiten, den Medienkonsum zu kontrollieren, besteht darin, klare Grenzen zu setzen. Erwägen Sie, bestimmte Zeiten festzulegen, zu denen Sie die Nachrichten lesen oder in den sozialen Medien surfen. Dafür können Sie sich beispielsweise morgens 30 Minuten und abends 30 Minuten Zeit nehmen.

Untersuchungen zeigen, dass eine Begrenzung der Zeit, die man mit dem Konsum von Nachrichten verbringt, den Stress reduzieren kann. Wenn Sie wissen, dass Sie nur eine begrenzte Zeit haben, um die Nachrichten zu lesen, werden Sie bei der Auswahl der Inhalte, die Sie konsumieren, vorsichtiger sein. Dies kann das Risiko verringern, in die Falle zu tappen und endlos durch Ihren Newsfeed zu scrollen.

Erstellen Sie einen Zeitplan, in dem Sie festlegen, wann genau Sie Nachrichten konsumieren. Dies hilft Ihnen nicht nur bei der Überwachung, sondern auch bei der Planung anderer Aktivitäten, wie zum Beispiel Sport, Hobbys oder Kommunikation mit Ihren Lieben.

Auswahl hochwertiger Quellen: Warum es wichtig ist, selektiv zu sein

Wenn Sie Informationen erhalten, ist es wichtig, hochwertige Quellen auszuwählen. Manchmal ist es wichtig, nicht nur die Menge an Nachrichten zu begrenzen, sondern auch sicherzustellen, dass die Nachrichten, die Sie konsumieren, nützlich und objektiv sind. Suchen Sie nach Quellen, die journalistischen Standards entsprechen und einen guten Ruf haben.

Wenn Sie bei der Auswahl Ihrer Quellen selektiv vorgehen, können Sie Fehlinformationen und Sensationsgier vermeiden. Studien zeigen, dass der Konsum von Nachrichten aus vertrauenswürdigen Quellen Ängste verringert und dabei hilft, eine objektive Sicht auf die Situation zu bewahren. Anstatt alle Nachrichten zu verfolgen, wählen Sie ein paar seriöse Quellen aus, denen Sie vertrauen, und verfolgen Sie deren Nachrichten.

Eine andere Strategie besteht darin, Filter für die Informationen festzulegen, die Sie erhalten. In vielen sozialen Netzwerken können Sie die Algorithmen anpassen, um nützlichere Inhalte zu erhalten. Sie können Konten abonnieren, die positive Nachrichten oder nützliche Informationen veröffentlichen, und Konten abmelden, die bei Ihnen negative Emotionen hervorrufen.

Führen Sie ein Tagebuch zum Medienkonsum: Verfolgen Sie Ihre Gewohnheiten

Eine weitere wirksame Strategie ist das Führen eines Medienkonsumtagebuchs. Zeichnen Sie auf, wie viel Zeit Sie mit Nachrichten und sozialen Medien verbringen und wie sich dies auf Ihren emotionalen Zustand auswirkt. Mit der Zeit werden Sie in der Lage sein zu analysieren, welche Gewohnheiten Ihnen mehr nützen und welche Ihnen schaden.

Untersuchungen zeigen, dass das Führen eines Tagebuchs Ihnen dabei helfen kann, sich Ihrer Gewohnheiten bewusst zu werden und zu verstehen, wann und warum Sie sich ängstlich fühlen. Dadurch können Sie fundierte Entscheidungen über Ihren Medienkonsum treffen. Wenn Sie beispielsweise nach dem Ansehen der Nachrichten Angst verspüren, versuchen Sie, die Zeit, die Sie für diese Aktivität aufwenden, zu reduzieren.

Einsatz von Technologie zur Steuerung: Anwendungen und Funktionen

Heutzutage gibt es viele technologische Lösungen, die Ihnen helfen können, Ihren Medienkonsum zu kontrollieren. Viele Smartphones verfügen über integrierte Funktionen, mit denen Sie die für verschiedene Anwendungen aufgewendete Zeit verfolgen können. Sie können Zeitlimits für die Nutzung sozialer Netzwerke oder Nachrichten-Apps festlegen.

Untersuchungen zeigen, dass Technologietools den Medienkonsum erheblich reduzieren können. Mit ihnen können Sie Ihre Gewohnheiten besser kontrollieren und Grenzen setzen. Sie können beispielsweise Benachrichtigungen einrichten, die Sie an die Zeit erinnern, die Sie in sozialen Medien verbringen.

Auf der Suche nach alternativen Berufen: Erwerbstätigkeit als Ausweg

Manchmal ist die beste Möglichkeit, den Medienkonsum zu kontrollieren, die Suche nach alternativen Aktivitäten. Nehmen Sie ein Hobby oder Sport auf oder erlernen Sie eine neue Fähigkeit. Dies hilft Ihnen nicht nur, sich von den Nachrichten abzulenken, sondern ermöglicht Ihnen auch, etwas Nützliches und Interessantes zu tun.

Studien zeigen, dass körperliche Aktivität Stress reduziert und die Stimmung verbessert. Wenn Sie mit nützlichen Dingen beschäftigt sind, neigen Sie weniger dazu, die Nachrichten zu lesen oder soziale Netzwerke zu nutzen.

Periodische Entgiftung: Zeit ohne Nachrichten und soziale Netzwerke

Erwägen Sie eine regelmäßige Nachrichten- und Social-Media-Entgiftung. Wählen Sie einen Tag oder sogar eine Woche, an dem Sie nicht die Nachrichten lesen oder in den sozialen Medien surfen. Diese Zeit können Sie für Aktivitäten nutzen, die Ihnen Freude und emotionale Ruhe bringen.

Untersuchungen zeigen, dass kurze Pausen von den Medien Ihr emotionales Wohlbefinden erheblich verbessern können. Wenn Sie sich von den Nachrichten lösen, werden Sie spüren, wie das Ausmaß an Angst und Stress abnimmt. Dies gibt Ihnen die Möglichkeit, sich auf sich selbst und Ihre Bedürfnisse zu konzentrieren.

Eine unterstützende Gemeinschaft schaffen: Mit positiven Menschen kommunizieren

Die Unterstützung durch Familie und Freunde kann ein wichtiger Faktor bei der Entwicklung gesunder Medienkonsumgewohnheiten sein. Finden Sie Menschen, die Ihre Werte teilen und bereit sind, Sie bei Ihren Bemühungen zu unterstützen. Die Gemeinschaft kann eine wichtige Unterstützungsquelle sein, wenn Sie versuchen, Ihre Gewohnheiten zu ändern.

Untersuchungen zeigen, dass die Unterstützung anderer es viel einfacher machen kann, Gewohnheiten zu ändern. Wenn Sie Ihre Erfolge und Schwierigkeiten mit anderen teilen, erhalten Sie nicht nur Unterstützung, sondern auch Inspiration, weiter voranzukommen.

Regelmäßiges Umdenken: Beurteilen Sie Ihre Gewohnheiten und Ziele

Abschließend ist es sinnvoll, den eigenen Medienkonsum regelmäßig zu reflektieren. Nehmen Sie sich bewusst Zeit, um zu überprüfen, ob Ihre Informationsgewohnheiten noch mit Ihren persönlichen Zielen, Werten und emotionalen Bedürfnissen im Einklang stehen. Wenn Sie feststellen, dass der Nachrichtenkonsum erneut belastend wirkt, ist dies kein Scheitern, sondern ein wichtiges Signal zur Anpassung.

Forschungen zeigen, dass die kontinuierliche Selbstbeobachtung dabei hilft, Gewohnheiten flexibel und gesund zu halten. Wer seinen Medienkonsum bewusst wahrnimmt, stärkt nicht nur die emotionale Stabilität, sondern auch die Fähigkeit, mit Unsicherheit und negativen Informationen konstruktiv umzugehen.

Ein gesunder Umgang mit Nachrichten entsteht nicht über Nacht. Er ist ein Prozess, der Aufmerksamkeit, Geduld und Selbstverantwortung erfordert. Doch mit einer bewussten Haltung kann Information wieder das werden, was sie sein sollte: eine Orientierungshilfe statt einer dauerhaften Belastung.

Die Fähigkeit, den eigenen Nachrichten- und Medienkonsum zu steuern, ist kein Luxus — sie ist eine zentrale Kompetenz für emotionales Gleichgewicht und psychische Gesundheit im digitalen Zeitalter.

Kapitel 8:

Erstellen Sie Ihre eigene Strategie für psychische Gesundheit

Ein persönlicher Aktionsplan zur Erhaltung der Gesundheit

Psychische Gesundheit ist zu einem wichtigen Aspekt unseres Lebens geworden, insbesondere in der heutigen stressigen und herausfordernden Welt. Die Entwicklung einer eigenen Strategie für die psychische Gesundheit ist nicht nur eine Notwendigkeit, sondern auch ein wichtiger Schritt zur Verbesserung Ihrer Lebensqualität.

Eine Strategie für die psychische Gesundheit sollte einfach, realistisch und auf Ihre individuellen Bedürfnisse zugeschnitten sein. Das bedeutet, dass Sie weder komplizierten Methoden folgen noch Ihre Lieblingsbeschäftigungen aufgeben müssen. Stattdessen ist es wichtig, einfache Gewohnheiten umzusetzen, die sich positiv auf Ihren emotionalen Zustand und Ihr allgemeines Wohlbefinden auswirken können.

Ist-Zustandsbeurteilung: Die eigenen Bedürfnisse verstehen

Der erste Schritt bei der Erstellung eines persönlichen Aktionsplans besteht darin, Ihren aktuellen Zustand zu beurteilen. Versuchen Sie, sich ein paar Fragen zu stellen:

- Wie fühle ich mich im Moment?

- Was verursacht mir Stress oder Angst?

- Welche Praktiken oder Gewohnheiten helfen mir bereits, mich besser zu fühlen?

Journaling kann für diese Beurteilung ein hervorragendes Hilfsmittel sein. Schreiben Sie mehrere Wochen lang Ihre Gedanken und Gefühle auf. Dies wird Ihnen helfen, Muster und Auslöser zu erkennen, die sich auf Ihre psychische Gesundheit auswirken.

Untersuchungen zeigen, dass sich Journaling positiv auf das geistige Wohlbefinden auswirkt. Im Jahr 2015 fanden Forscher der Bradley University heraus, dass Journaling Stress reduzieren und das emotionale Wohlbefinden verbessern kann. Dies kann ein wichtiger erster Schritt beim Aufbau einer gesunden Strategie sein.

Ziele definieren: Einen konkreten Aktionsplan erstellen

Sobald Sie verstanden haben, wo Sie sich gerade befinden, besteht der nächste Schritt darin, konkrete Ziele zu setzen. Dies können sowohl kurzfristige als auch langfristige Ziele sein, sie müssen jedoch realistisch und erreichbar sein. Sie könnten beispielsweise beschließen, Ihren Stresspegel in den nächsten drei Monaten um 30 % zu reduzieren oder sich die Zeit zu nehmen, mindestens dreimal pro Woche Sport zu treiben.

Ziele sollten spezifisch, messbar, erreichbar, relevant und zeitgebunden (SMART) sein. Bestimmen Sie, wie Sie den Fortschritt messen und welche Maßnahmen Sie ergreifen müssen, um Ihre Ziele zu erreichen. Es können einfache Veränderungen im Tagesablauf sein, wie zum Beispiel:

- Fügen Sie jeden Tag 15 Minuten Meditation hinzu.

- Ein Buch pro Monat lesen.

- Jeden Abend ein Spaziergang an der frischen Luft.

Einen Zeitplan erstellen: Neue Gewohnheiten in den Alltag integrieren

Nachdem Sie Ihre Ziele definiert haben, ist es wichtig, einen Zeitplan zu erstellen, um diese zu erreichen. Dies wird Ihnen helfen, neue Gewohnheiten in Ihren Alltag zu integrieren. Verwenden Sie einen Planer oder Kalender, um Zeit für Meditation, Bewegung oder andere Übungen zu markieren, die Sie umsetzen möchten.

Untersuchungen zeigen, dass die Regelmäßigkeit bei der Umsetzung neuer Gewohnheiten der Schlüssel zu ihrer Festigung ist. Im Jahr 2010 fanden Forscher des University College London heraus, dass es durchschnittlich 66

Tage dauert, bis sich eine neue Gewohnheit entwickelt. Versuchen Sie also, geduldig zu sein und Ihren Zeitplan einzuhalten, auch wenn die Ergebnisse nicht sofort sichtbar sind.

Denken Sie daran, dass Ihr Plan flexibel sein sollte. Das Leben kann Anpassungen vornehmen und Sie werden nicht immer in der Lage sein, den Zeitplan einzuhalten. Seien Sie bereit, Ihren Plan an die Umstände anzupassen, aber versuchen Sie, den gleichen Kurs beizubehalten.

Selbsterkenntnis-Strategie: Auslöser und Reaktionen identifizieren

Selbsterkenntnis ist ein wichtiger Teil einer Strategie zur psychischen Gesundheit. Das Identifizieren der Auslöser, die Stress oder negative Emotionen verursachen, kann Ihnen helfen, besser damit umzugehen. Beobachten Sie Ihre Reaktionen auf verschiedene Situationen und versuchen Sie zu verstehen, warum Sie so reagieren.

Es ist wichtig, nicht nur Auslöser zu identifizieren, sondern auch Strategien zu deren Überwindung zu entwickeln. Wenn Sie beispielsweise wissen, dass bestimmte Nachrichten Ihnen Angst machen, könnten Sie beschließen, die Zeit, die Sie auf Nachrichtenseiten oder in sozialen Medien verbringen, zu begrenzen.

Untersuchungen zeigen, dass eine Steigerung des Selbstbewusstseins die psychische Gesundheit erheblich verbessern kann. Im Jahr 2019 wurde in der Fachzeitschrift Psychological Bulletin eine Studie veröffentlicht, die zeigte, dass Menschen mit einem hohen Selbstbewusstsein eher einen positiven emotionalen Zustand haben und weniger unter Angstzuständen leiden.

Entspannungstechniken: Inneren Frieden finden

Die Einbeziehung von Entspannungstechniken in Ihren Aktionsplan kann dazu beitragen, Stress abzubauen und Ihr emotionales Wohlbefinden zu verbessern. Das können Atemübungen, Meditation, Yoga oder einfach nur ein Spaziergang an der frischen Luft sein. Es ist wichtig herauszufinden, was für Sie funktioniert.

Untersuchungen zeigen, dass Entspannungstechniken den Stresspegel deutlich reduzieren können. Beispielsweise ergab eine Studie im Journal of

Clinical Psychology aus dem Jahr 2013, dass Teilnehmer, die Meditation praktizierten, eine signifikante Verringerung von Angstzuständen und Depressionen zeigten.

Integrieren Sie diese Techniken in Ihren Tagesablauf, auch wenn es nur für ein paar Minuten ist. Regelmäßiges Üben hilft Ihnen, inneren Frieden zu finden und Stress abzubauen.

Körperliche Aktivität: Der Schlüssel zur psychischen Gesundheit

Körperliche Aktivität hat einen großen Einfluss auf Ihre geistige Gesundheit. Regelmäßige Bewegung kann Stress reduzieren, die Stimmung verbessern und sogar die Produktivität steigern. Versuchen Sie, eine Sportart oder Aktivität zu finden, die Ihnen Spaß macht.

Wissenschaftliche Studien zeigen, dass körperliche Aktivität den Spiegel der Endorphine – „Glückshormone" – erhöht. Im Jahr 2018 ergab eine Studie in JAMA Psychiatry, dass Menschen, die körperlich aktiv sind, ein geringeres Risiko haben, an Depressionen zu erkranken.

Versuchen Sie, körperliche Aktivität in Ihren Alltag zu integrieren. Es kann Yoga, Laufen, Schwimmen oder einfach nur Spazierengehen sein. Finden Sie etwas, das Ihnen Spaß macht, und versuchen Sie, es regelmäßig zu tun.

Verbindungen pflegen: Soziale Interaktion für emotionales Wohlbefinden

Soziale Verbindungen spielen eine wichtige Rolle für unser emotionales Wohlbefinden. Pflegen Sie Beziehungen zu Verwandten, Freunden und Kollegen. Dabei kann es sich um Kommunikation, Besprechungen oder einfach nur den Austausch von Nachrichten handeln.

Untersuchungen zeigen, dass starke soziale Verbindungen das Risiko von Depressionen und Angstzuständen verringern. Im Jahr 2010 wurde im American Journal of Psychiatry eine Studie veröffentlicht, die ergab, dass soziale Unterstützung einen positiven Einfluss auf die psychische Gesundheit hat.

Scheuen Sie sich nicht, um Unterstützung zu bitten, wenn Sie sie brauchen. Die Kommunikation mit Ihren Lieben kann ein wichtiger Teil Ihrer Strategie zur psychischen Gesundheit sein.

Regelmäßige Fortschrittskontrolle: Anpassung des Aktionsplans

Zu guter Letzt erfolgt die regelmäßige Beurteilung Ihrer Fortschritte. Dies wird Ihnen helfen zu verstehen, was funktioniert und was optimiert werden muss. Feiern Sie Ihre Erfolge und Erfolge, auch wenn sie klein erscheinen. Dies wird Ihnen helfen, motiviert zu bleiben und eine positive Einstellung zu bewahren.

Sie können einmal im Monat eine Beurteilung durchführen und sich dabei Fragen zu den erreichten Zielen und der Veränderung des emotionalen Zustands stellen. Dadurch können Sie Ihren Aktionsplan an Ihre Bedürfnisse und Umstände anpassen.

Denken Sie daran, dass psychische Gesundheit ein langfristiger Prozess ist. Sie werden vor Herausforderungen stehen, aber wenn Sie an Ihrer Strategie festhalten, können Sie Ihre Lebensqualität erheblich verbessern.

Ihre Strategie ist Ihre Macht

Die Entwicklung einer eigenen Strategie für die psychische Gesundheit ist ein wichtiger Schritt zur Verbesserung Ihrer Lebensqualität. Mit einfachen und kostengünstigen Methoden können Sie inneren Frieden finden und für Ihr emotionales Wohlbefinden sorgen. Unsere Fähigkeit, unsere geistige Gesundheit zu kontrollieren, ist der Schlüssel zu einem glücklichen und ausgeglichenen Leben.

Übungen zur Festigung der Ergebnisse

Wenn es um die psychische Gesundheit geht, ist es nicht nur wichtig zu wissen, wie man seine Ziele erreicht, sondern auch Strategien zu haben, um diese zu erreichen. Sicher haben Sie bereits bemerkt, dass viele Aspekte der psychischen Gesundheit mit der Konzentration und der Fähigkeit, mit Stress umzugehen, zusammenhängen.

Indem Sie sich auf erreichbare Ziele konzentrieren, können Sie nicht nur einen Aktionsplan entwickeln, sondern auch positive Gewohnheiten entwickeln, die Ihre Fähigkeit, in verschiedenen Situationen ruhig und konzentriert zu bleiben, nach und nach verbessern. Es ist wichtig, nicht zu vergessen, dass der Erfolg in dieser Angelegenheit von Systematik abhängt. Daher werden wir uns auf einfache und effektive Methoden konzentrieren.

Zielsetzung: So formulieren Sie das Gewünschte richtig

Bestimmen Sie zunächst, was genau Sie in Ihrem Leben erreichen möchten. Dies können Ziele im Zusammenhang mit Ihrer körperlichen Aktivität, Ihrem emotionalen Wohlbefinden oder Ihrer beruflichen Entwicklung sein. Es ist wichtig, dass diese Ziele klar, erreichbar und messbar sind.

Nutzen Sie die SMART-Methode, um bei der Zielsetzung strukturiert vorzugehen. SMART steht für:

- S (spezifisch): Spezifisch. Machen Sie sich klar, was Sie erreichen möchten. Anstelle von „Ich möchte Stress reduzieren" schreiben Sie beispielsweise „Ich möchte meinen Stresspegel bei der Arbeit reduzieren".

- M (messbar): messbar. Wie werden Sie den Fortschritt messen? Zum Beispiel: „Ich werde einen Monat lang jeden Tag 10 Minuten meditieren."

- A (erreichbar): Erreichbar. Ist Ihr Ziel realistisch? Stellen Sie sicher, dass Sie über die Ressourcen und Fähigkeiten verfügen, um dies zu erreichen.

- R (relevant): relevant. Passt Ihr Ziel zu Ihren Werten und Lebensumständen? Stellen Sie sicher, dass Ihnen Ihr Ziel wirklich wichtig ist.

- T (Time-bound): Zeitlich begrenzt. Legen Sie eine Frist fest, um das Ziel zu erreichen. Zum Beispiel: „Ich möchte bis zum Ende des Quartals Stress abbauen."

Durch das Setzen von Zielen nach diesem Modell können Sie sich ein klares Bild davon machen, was Sie erreichen möchten, und sich auf die notwendigen Maßnahmen konzentrieren.

Fokusübungen: Gewohnheiten entwickeln

Sobald Sie Ihre Ziele identifiziert haben, ist es wichtig, Gewohnheiten zu entwickeln, die Ihren Fortschritt unterstützen. Das Studium von Gewohnheiten und deren Auswirkungen auf unser Leben ist die Grundlage für die Entwicklung einer persönlichen Strategie.

Strategien, die Ihnen helfen können, Ergebnisse zu erzielen:

- Meditation. Eine Studie in JAMA Internal Medicine ergab, dass Meditation Stress reduzieren, die Konzentration verbessern und das emotionale Wohlbefinden verbessern kann. Integrieren Sie jeden Tag Meditation in Ihre Ernährung. Sie können mit 5–10 Minuten pro Tag beginnen und die Zeit schrittweise steigern.

- Atemübungen. Atemtechniken wie die „4-7-8-Atmung" können den Stresspegel deutlich reduzieren. Atmen Sie dazu bis 4 durch die Nase ein, halten Sie den Atem bis 7 an und atmen Sie dann bis 8 durch den Mund aus. Tun Sie dies jeden Tag 5 Minuten lang.

- Visualisierung. Stellen Sie sich Ihre Leistung und ihre Ergebnisse vor. Dies kann Ihnen helfen, sich auf das Endziel zu konzentrieren und Ihre Motivation zu steigern. Die Visualisierung positiver Momente aktiviert Ihr Gehirn und aktiviert neuropsychologische Mechanismen.

Diese Gewohnheiten können zu Ihren „Erhaltungsmaßnahmen" werden, die Sie täglich oder mehrmals pro Woche durchführen. Es ist wichtig zu bedenken, dass es Zeit braucht, bis sie fest werden. Seien Sie also geduldig.

Zeitmanagementtechniken: Wie man die Zeit verwaltet

Ihre Fähigkeit, sich zu konzentrieren und Stress abzubauen, hängt direkt davon ab, wie Sie Ihre Zeit verwalten. Ein gutes Zeitmanagement kann Ihnen helfen, Überlastung und Stress zu vermeiden. Probieren Sie die folgenden Strategien aus:

- Pomodoro-Methode. Hierbei handelt es sich um eine Zeitmanagementtechnik, bei der in 25-Minuten-Intervallen gearbeitet und anschließend 5 Minuten Pause gemacht werden. Machen Sie nach vier Pomodoros (Intervallen) eine längere Pause (15–30 Minuten). Dies wird dazu beitragen, die Konzentration aufrechtzuerhalten und Müdigkeit zu reduzieren.

- Aufgabenpriorisierung. Erstellen Sie eine Liste mit Aufgaben für den Tag und legen Sie Prioritäten fest. Konzentrieren Sie sich darauf, die wichtigsten Dinge zuerst zu erledigen. Dies kann das

Gefühl der Überforderung verringern und die Produktivität steigern.

- Grenzen setzen. Haben Sie keine Angst, bei Bedarf Nein zu sagen. Durch das Setzen von Grenzen können Sie sich auf die Aufgaben konzentrieren, die für Sie wichtig sind, und den Stress zusätzlicher Verantwortung vermeiden.

Der Einsatz dieser Techniken hilft Ihnen, konzentriert zu bleiben, Stress zu reduzieren und ein produktives Arbeitsumfeld zu schaffen.

Dankbarkeit üben: Positive Psychologie

Dankbarkeit ist ein wirksames Instrument zur Verbesserung der psychischen Gesundheit. Eine Studie im Journal of Personality and Social Psychology ergab, dass das Praktizieren von Dankbarkeit die Stimmung verbessert und die Symptome einer Depression lindert.

Versuchen Sie, ein Dankbarkeitstagebuch zu führen, in dem Sie jeden Tag drei Dinge aufschreiben, für die Sie dankbar sind. Es kann etwas so Einfaches wie gutes Essen, Zeit mit Freunden oder Zeit in der Natur sein. Wenn Sie regelmäßig Dankbarkeit üben, können Sie sich auf die positiven Aspekte des Lebens konzentrieren, was wiederum Stress reduziert und Ihr allgemeines Wohlbefinden verbessert.

Auswertung der Ergebnisse: Feedback und Kurskorrektur

Die regelmäßige Bewertung Ihrer Erfolge wird Ihnen helfen, sich auf Ihre Ziele zu konzentrieren. Feiern Sie Ihre Erfolge, analysieren Sie, was funktioniert hat und was korrigiert werden muss. Einige Methoden erweisen sich möglicherweise als weniger effektiv als erhofft, und das ist in Ordnung. Die Hauptsache ist, nicht aufzugeben und bereit zu sein, Ihren Plan anzupassen.

Erstellen Sie einmal im Monat einen Fortschrittsbericht. Schreiben Sie auf, was Sie erreicht haben, was Sie verbessern müssen und welche neuen Strategien Sie ausprobieren möchten. Dies wird Ihnen helfen, motiviert zu bleiben und sich auf Ihre Ziele zu konzentrieren.

Ein unterstützendes Umfeld schaffen: Umwelteinflüsse auf die psychische Gesundheit

Ihre Umgebung kann einen erheblichen Einfluss auf Ihre geistige Gesundheit haben. Schaffen Sie ein Umfeld, das für Ihr Wachstum und Ihre Entwicklung geeignet ist. Es kann sowohl eine physische als auch eine soziale Umgebung sein.

- Physische Umgebung. Sorgen Sie dafür, dass Ihr Arbeitsplatz komfortabel und gemütlich ist. Gestalten Sie einen Raum, der die Konzentration fördert, zum Beispiel mit Pflanzen, die die Luft reinigen und die Stimmung heben.

- Soziales Umfeld. Umgeben Sie sich mit positiven Menschen, die Sie auf Ihrem Weg zu einer besseren psychischen Gesundheit unterstützen. Die Kommunikation mit Menschen, die ähnliche Werte teilen, kann ein starker Anreiz sein, Ziele zu erreichen.

Wählen Sie die Menschen, mit denen Sie Zeit verbringen, sorgfältig aus. Ihre Umgebung sollte Ihre Ziele unterstützen und eine Quelle der Inspiration und nicht des Stresses sein.

Ein gesunder Lebensstil: Die Bedeutung von körperlicher Aktivität und Ernährung

Kümmern Sie sich um Ihre geistige Gesundheit, indem Sie einen gesunden Lebensstil führen. Regelmäßige körperliche Aktivität kann Ihr emotionales Wohlbefinden deutlich verbessern. Eine im American Journal of Psychiatry veröffentlichte Studie zeigt, dass körperliche Aktivität Angstzustände und Depressionen reduzieren kann.

Versuchen Sie, Sportarten oder Aktivitäten zu finden, die Ihnen Spaß machen, sei es Yoga, Laufen oder Schwimmen. Es ist wichtig, körperliche Aktivität zu einem Teil Ihres täglichen Lebens zu machen. Vergessen Sie auch nicht die richtige Ernährung: Sie wirkt sich nicht nur auf die körperliche, sondern auch auf die geistige Gesundheit aus. Lebensmittel, die reich an Omega-3-Fettsäuren, Vitaminen und Antioxidantien sind, können sich positiv auf Ihre Stimmung und Ihr allgemeines Wohlbefinden auswirken.

Kontinuierlicher Verbesserungsprozess

Die Entwicklung einer eigenen Strategie für die psychische Gesundheit ist kein einmaliges Projekt, sondern ein fortlaufender Prozess. Konzentrieren Sie sich auf die Entwicklung von Gewohnheiten und Zielen, die Ihr emotionales Wohlbefinden unterstützen. Mit der Zeit lernen Sie, welche Strategien für Sie am besten funktionieren, und Sie werden in der Lage sein, Ihren Ansatz an neue Umstände anzupassen.

Ihre Strategie ist Ihre Macht. Denken Sie daran, dass Sie über alle Werkzeuge verfügen, um Ihr Leben zu verbessern. Indem Sie sich auf einfache, erreichbare Ziele und Gewohnheiten konzentrieren, können Sie einen großen Unterschied bei der Verbesserung Ihrer geistigen Gesundheit und Ihres allgemeinen Wohlbefindens machen.

Langfristige Gesundheitsstrategie im digitalen Zeitalter

In einer Welt, in der uns Informationen von allen Seiten überfluten, ist es wichtig, eine Strategie für die psychische Gesundheit zu entwickeln, die dabei hilft, geistige Klarheit und inneren Frieden zu bewahren. Untersuchungen zeigen, dass unser Lebensstil, einschließlich unserer digitalen Gewohnheiten, einen erheblichen Einfluss auf unsere geistige Gesundheit hat. Um in diesem Chaos Harmonie zu finden, sollten Sie einfache, aber wirksame Strategien in Betracht ziehen, die Ihr emotionales Wohlbefinden und Ihre geistige Klarheit unterstützen.

Psychische Gesundheit erfordert Anstrengung, aber diese Anstrengung kann einfach und geordnet sein. Berücksichtigen Sie bei der Entwicklung Ihrer eigenen Strategie Ihre individuellen Bedürfnisse und Umstände. In diesem Kapitel konzentrieren wir uns auf die wesentlichen Elemente einer langfristigen Strategie für die psychische Gesundheit, einschließlich der Entwicklung von Gewohnheiten, der Verwaltung von Informationen, der Konzentration auf das Positive und der Aufrechterhaltung sozialer Verbindungen.

Gewohnheiten entwickeln, um die psychische Gesundheit zu verbessern

Gewohnheiten prägen unser tägliches Leben und beeinflussen, wie wir uns fühlen. Wenn Sie neue Gewohnheiten entwickeln, ist es wichtig zu verstehen, dass diese nicht über Nacht entstehen. Sie entwickeln sich schrittweise durch aufeinanderfolgende Aktionen.

Eine der effektivsten Strategien zur Bildung neuer Gewohnheiten ist die „Small Wins"-Methode. Wenn Sie sich kleine, erreichbare Ziele setzen, können Sie schrittweise vorankommen, ohne sich überfordert zu fühlen. Eine Studie im Journal of Personality and Social Psychology bestätigte, dass Menschen, die mit kleinen Zielen beginnen, auf lange Sicht eher Erfolg haben.

Wenn Sie beispielsweise meditieren möchten, beginnen Sie mit 5 Minuten am Tag und steigern Sie die Zeit dann schrittweise. So können Sie sich ohne Druck an die neue Praxis gewöhnen. Wenn Sie einen kleinen Sieg erringen, stärkt das Ihr Selbstvertrauen und motiviert Sie, die nächsten Schritte zu unternehmen.

Eine weitere nützliche Angewohnheit ist das Führen eines Tagebuchs. Das Schreiben über Ihre Gedanken, Gefühle und Erfahrungen kann sich äußerst positiv auf Ihre geistige Gesundheit auswirken. Eine Studie in Psychological Science ergab, dass Tagebuchführung Stress und Ängste reduzieren kann, indem es Ihnen hilft, Ihre Emotionen besser zu verstehen. Nehmen Sie sich jeden Tag oder jede Woche Zeit, Ihre Gedanken aufzuschreiben und darüber nachzudenken. Dies verbessert nicht nur Ihre geistige Gesundheit, sondern hilft Ihnen auch dabei, Ihre Fortschritte zu erkennen.

Informationsmanagement: So filtern Sie den Datenfluss

Das digitale Zeitalter hat eine riesige Menge an Informationen mit sich gebracht, und es ist nicht immer einfach, mit dieser Flut umzugehen. Die eigentliche Herausforderung besteht darin, zu lernen, Informationen zu kontrollieren und sich nicht von ihnen kontrollieren zu lassen.

Stellen Sie zunächst fest, welche Informationsquellen für Sie am wertvollsten sind. Vielleicht sind es Nachrichten, Blogs oder Podcasts, die Ihr Wissen erweitern und Sie inspirieren. Konzentrieren Sie sich auf diese Quellen, nicht auf diejenigen, die nur Ablenkungen darstellen. Laut einer im International Journal of Information Management veröffentlichten Studie kann die Begrenzung des Kontakts mit negativen Informationsquellen das emotionale Wohlbefinden erheblich verbessern.

Legen Sie als Nächstes einen Zeitrahmen für den Informationskonsum fest. Anstatt ziellos in den sozialen Medien zu surfen, nehmen Sie sich eine bestimmte Zeit, um die Nachrichten zu lesen. Dies verringert das Gefühl der Überforderung und hilft Ihnen, sich auf wichtige Aufgaben zu konzentrieren. Sie können beispielsweise eine Regel festlegen: Schauen Sie sich die Nachrichten nur zweimal am Tag an, morgens und abends.

Nutzen Sie auch die „Digital Detox"-Technik. Legen Sie eine Zeit fest, zu der Sie alle elektronischen Geräte vollständig ausschalten. Eine Studie im Journal of Environmental Psychology ergab, dass selbst eine kurzfristige Trennung von digitalen Geräten Stress und Ängste reduzieren und das allgemeine Wohlbefinden verbessern kann. Versuchen Sie, das Wochenende ohne Smartphone oder Computer zu verbringen und mehr Zeit damit zu verbringen, mit Ihren Lieben zu kommunizieren, Sport zu treiben oder einfach nur in der Natur spazieren zu gehen.

Konzentration auf das Positive: Dankbarkeit üben

Dankbarkeit zu üben ist ein weiteres wirkungsvolles Werkzeug, das Ihre geistige Gesundheit verbessern kann. Dankbarkeit hilft Ihnen, sich auch in schwierigen Zeiten auf die positiven Aspekte des Lebens zu konzentrieren. Laut einer Studie in Psychological Science berichten Menschen, die ein Dankbarkeitstagebuch führen, über eine größere Lebenszufriedenheit und weniger Symptome einer Depression.

Versuchen Sie, ein Dankbarkeitstagebuch zu führen und jeden Tag drei Dinge aufzuschreiben, für die Sie dankbar sind. Es können einfache Dinge sein – leckeres Essen, gute Laune, Kommunikation mit Freunden und größere Erfolge. Es ist wichtig, dass dies zur regelmäßigen Praxis wird.

Schaffen Sie außerdem einen „Kreis der Dankbarkeit" unter Ihren Lieben. Es kann zu einer einfachen Gewohnheit werden, sich einmal pro Woche mit Freunden oder der Familie zu treffen, um die Dinge auszutauschen, für die man dankbar ist. Dies verbessert nicht nur Ihre Stimmung, sondern stärkt auch Ihre Bindung zu Ihren Lieben.

Soziale Verbindungen: Die Bedeutung der Unterstützung

Soziale Verbindungen sind ein wesentlicher Bestandteil der psychischen Gesundheit. Menschen, die Unterstützung von Freunden und Familie haben, empfinden in der Regel weniger Stress und Ängste. Eine Studie im American Journal of Psychiatry ergab, dass soziale Unterstützung das Risiko einer Depression verringern kann.

Der Aufbau und die Aufrechterhaltung gesunder sozialer Verbindungen beginnt mit einem bewussten Umgang mit der Kommunikation. Verbringen Sie Zeit mit Ihren Lieben, hören Sie ihnen zu, teilen Sie Ihre Erfahrungen. Dies wird nicht nur dazu beitragen, die Beziehung zu stärken, sondern auch ein unterstützendes Umfeld zu schaffen.

Verbinde dich mit positiven Menschen. Umgeben Sie sich mit denen, die Sie inspirieren und motivieren, nicht mit denen, die Stress oder negative Emotionen verursachen. Denken Sie daran, dass Qualität wichtiger ist als Quantität. Ein paar enge Freunde können einen größeren Einfluss auf Ihr Leben haben als viele Bekannte.

Scheuen Sie sich nicht, um Hilfe zu bitten. Wenn Sie sich überfordert fühlen, zögern Sie nicht, Freunde, Familie oder Fachleute um Unterstützung zu bitten. Manchmal kann ein einfaches Gespräch dafür sorgen, dass Sie sich besser fühlen.

Körperliche Gesundheit und geistiges Wohlbefinden

Körperliche Gesundheit und geistiges Wohlbefinden hängen eng zusammen. Regelmäßige körperliche Aktivität verbessert nicht nur die körperliche Fitness, sondern verbessert auch die Stimmung und reduziert Stress. Eine Studie im American Journal of Preventive Medicine ergab, dass körperliche Aktivität das Risiko einer Depression verringern kann.

Versuchen Sie, Bewegung in Ihren Alltag zu integrieren. Es kann ein Spaziergang, Laufen, Yoga oder sogar Tanzen sein. Die Hauptsache ist, die Art der Aktivität zu finden, die Ihnen gefällt. Beginnen Sie mit kleinen Sitzungen und verlängern Sie deren Dauer schrittweise. Planen Sie körperliche Aktivität in Ihren Zeitplan ein, um Regelmäßigkeit zu gewährleisten.

Vergessen Sie nicht, wie wichtig Schlaf ist. Untersuchungen zeigen, dass guter Schlaf eine Schlüsselrolle bei der Aufrechterhaltung der psychischen Gesundheit spielt. Versuchen Sie, einen Schlafplan einzuhalten und zur gleichen Zeit ins Bett zu gehen und aufzustehen, auch am Wochenende. Schaffen Sie eine angenehme Schlafumgebung, indem Sie Licht und Lärm reduzieren.

Strategien zur Stressbewältigung

Stress ist ein unvermeidlicher Teil des Lebens, aber es ist wichtig zu lernen, damit umzugehen. Es gibt viele Techniken, die Ihnen helfen können, mit Stress umzugehen, von Meditation bis hin zu tiefer Atmung. Forschungen in der Gesundheitspsychologie haben gezeigt, dass Meditation das Stressniveau reduzieren und das allgemeine geistige Wohlbefinden verbessern kann.

Versuchen Sie, jeden Tag ein paar Minuten für Meditation oder Atemübungen einzuplanen. Suchen Sie sich einen ruhigen Ort, schließen Sie die Augen und konzentrieren Sie sich auf Ihre Atmung. Stellen Sie sich vor, wie mit jedem Ausatmen Anspannung und Stress gelöst werden.

Erwägen Sie auch die Verwendung der „positive reframing"-Technik. Anstatt in negativen Gedanken zu verharren, versuchen Sie, in schwierigen Situationen positive Aspekte zu finden. Dies kann dazu beitragen, Ihren Stresspegel zu reduzieren und Ihre Gesamtwahrnehmung der Situation zu verbessern.

Kontinuierlicher Verbesserungsprozess

Die Entwicklung einer Strategie für die psychische Gesundheit ist kein einmaliges Ereignis, sondern ein fortlaufender Prozess. Es ist wichtig, Ihre

Gewohnheiten regelmäßig zu bewerten, Strategien an neue Umstände anzupassen und weiter zu lernen.

Denken Sie daran, dass psychische Gesundheit eine Investition in Ihre Zukunft ist. Indem Sie sich auf einfache, erreichbare Ziele und Gewohnheiten konzentrieren, können Sie Ihr Leben erheblich verbessern. Untersuchungen zeigen, dass eine langfristige Anstrengung zur Erhaltung der psychischen Gesundheit zu dauerhaften positiven Veränderungen im Leben führt.

Denken Sie daran, dass Sie die Macht haben, Ihr Leben zu kontrollieren und die Strategien zu wählen, die für Sie am besten funktionieren. Bleiben Sie auf dem Weg der geistigen Harmonie, indem Sie auf Ihr emotionales Wohlbefinden achten und denken Sie daran, dass jeder kleine Schritt zählt.

Der Weg zur geistigen Harmonie in der modernen Welt

Psychische Gesundheit ist mehr als die Abwesenheit von Belastungen oder Symptomen – sie ist ein dynamischer Prozess, der Aufmerksamkeit, bewusste Entscheidungen und eine klare Haltung zum eigenen Leben erfordert. In einer Welt ständiger Informationsflut entsteht geistige Harmonie nicht durch Rückzug, sondern durch die bewusste Steuerung von Aufmerksamkeit, Medienkonsum und Lebensgewohnheiten.

Eine der zentralen Erkenntnisse dieses Buches ist, dass nachhaltige Veränderungen durch kleine, konsequente Schritte entstehen. Gesunde Gewohnheiten, Achtsamkeit im Alltag, ein bewusster Umgang mit Informationen, soziale Verbundenheit, körperliche Aktivität und regelmäßige Erholungsphasen wirken nicht isoliert, sondern verstärken sich gegenseitig. Ihre Wirkung entfaltet sich schrittweise, nicht über Nacht. Jede kleine Handlung, ob ein bewusstes Innehalten, eine kurze Meditationssitzung oder das Setzen von klaren Grenzen für digitale Medien, trägt langfristig zu einem stabilen geistigen Gleichgewicht bei.

Ebenso entscheidend ist der bewusste Umgang mit Informationen. Die Fähigkeit, Grenzen zu setzen, relevante von irrelevanten Daten zu unterscheiden und Qualität über Quantität zu stellen, reduziert nicht nur Stress, sondern schafft Klarheit, Konzentration und emotionale Stabilität. Informationen sollen Orientierung geben und Entscheidungen unterstützen, nicht dauerhaft belasten. Digitale Entgiftung und strategisches Medienmanagement werden so zu Schlüsselwerkzeugen für ein gesundes, erfülltes Leben im Zeitalter der Informationsüberflutung.

Psychische Gesundheit bedeutet auch, sich selbst mit Verständnis zu begegnen. Fortschritt ist nicht linear, Rückschläge sind normal, und das Erkennen der eigenen Grenzen ist Teil des Prozesses. Unterstützung anzunehmen ist kein Zeichen von Schwäche, sondern Ausdruck von Selbstverantwortung und Reife. Wer lernt, sich selbst zu reflektieren,

Prioritäten zu setzen und auf die eigene Balance zu achten, legt den Grundstein für nachhaltiges Wohlbefinden.

Letztlich ist Ihre geistige Gesundheit eine der wertvollsten Ressourcen Ihres Lebens. Indem Sie Ihre Gewohnheiten regelmäßig hinterfragen, Ihre Strategien anpassen und offen für Veränderung bleiben, schaffen Sie die Grundlage für langfristige Stabilität und innere Zufriedenheit. Diese Reise endet nicht mit der letzten Seite dieses Buches – sie beginnt mit der bewussten Entscheidung, Verantwortung für Ihr inneres Gleichgewicht zu übernehmen, die Kontrolle über den eigenen Informationsfluss zu gewinnen und ein erfülltes Leben in Harmonie mit sich selbst zu führen.